DISCOVRS
DES MISERES
DE CE TEMPS, PAR
P. DE RONSARD GEN-
til-homme Vandomois.

A LA ROYNE MERE DV ROY.

TOME SIXIEME.

A PARIS,
Chez Gabriel Buon au cloz Bruneau à
l'enseigne S. Claude.

1571.

AVEC PRIVILEGE DV ROY.

Tel fut Ronsard, autheur de cét ouurage,
Tel fut son œil, sa bouche & son visage,
Portrait au vif de deux crayons diuers:
Icy le Corps, & l'Esprit en ses vers.

authenticity

AD CAROLVM AGENO-
REVM EPISCOPVM
Cenomanensem,

Epigramma.

Materiam vellem meliorem fata dedissent
 Spectandi egregios marte vel arte viros,
Quàm nuper Gallis Ioue quam damnante dederunt
 Tristia próque aris prælia próque focis.
Si tamen haud alia licuit ratione probare
 In patriam quantus fortibus esset amor,
Pace tua dicam fuit hoc, ô Gallia, tanti
 Visa quod es vires ipsa timere tuas.
Si modò sic patuit pro laude subire pericla
 Quis posset patriæ próque salute suæ,
Ronsardus patriam patriis defenderat armis,
 Carminibus patriis patria sacra canens.
Digna tuo quondam quæ nomine charta legatur
 Carole Agenoreæ gloria magna domus:
Qui velut auspiciis iisdem quibus vsus & ille
 Cenomani vindex ausus es esse soli.
Sic tamen vt linguæ post sancta pericula, linguam
 Non timidam fortis sit comitata manus.

DISCOVRS A LA ROYNE.
PAR P. DE RONSARD.

SI depuis que le monde a pris cō-
mencement,
Le vice d'aage en aage eust pris
accroissement,
Il y a ia long temps que l'extre-
me malice
Eust surmonté le peuple, & tout ne fust que vice.
 Mais puis que nous voyons les hommes en tous
  lieux
Viure l'vn vertueux, & l'autre vicieux,
Il nous faut confesser que le vice difforme
N'est pas victorieux : mais suit la mesme forme
Qu'il receut dés le iour que l'homme fut vestu
(Ainsi que d'vn habit) de vice & de vertu.
 Ny mesme la vertu ne s'est point augmentée,
Si elle s'augmentoit sa force fut montée,
Iusqu'au plus haut degré : & tout seroit icy
Vertueux & parfait, ce qui n'est pas ainsi.
 Or comme il plaist aux Loix, aux Princes, & à
  l'âge,
Quelquefois la vertu abonde d'auantage,

DE CE TEMPS.

Le vice quelquefois, & l'vn en se haussant
Va de son compaignon le credit abaissant,
Puis il est rabaissé: à fin que leur puissance
Ne preigne entre le peuple vne entiere accroissance.
   Ainsi plaist au Seigneur de nous exerciter,
Et entre bien & mal laisse l'homme habiter,
Comme le marinier qui conduit son voyage
Ores par le beau temps, & ores par l'orage.
   Vous (Royne) dont l'esprit prent plaisir quelque-
   fois,
De lire & d'escouter l'histoire des François,
Vous sçauez (en voyant tant de faits memorables)
Que les siecles passez ne furent pas semblables.
   Vn tel Roy fut cruel, l'autre ne le fut pas,
L'ambition d'vn tel causa mille debats:
Vn tel fut ignorant, l'autre prudent & sage,
L'autre n'eut point de cœur, l'autre trop de courage.
» Telz que furēt les Roys, telz furēt leurs subiects.
» Car les Roys sont tousiours des peuples les obiects.
   Il faut donq' des ieunesse instruire biē vn Prince,
Afin qu'aueq' prudence il tienne sa prouince,
Il faut premierement qu'il ait deuant les yeux
La crainte d'vn seul Dieu: qu'il soit deuotieux
Vers l'Eglise aprouuée, & que point il ne change
La foy de ses ayeuls pour en prendre vne estrange.
Ainsi que nous voyons instruire nostre Roy
Qui par vostre vertu n'a point changé de loy.
   Las! Madame en ce temps que le cruel orage
Menace les François d'vn si piteux naufrage,

A iij

6 DISCOVRS DES MISERES

Que la gresle & la pluye, & la fureur des cieux
Ont irrité la mer de vens seditieux,
Et que l'astre iumeau ne daigne plus reluire,
Prenez le gouuernail de ce pauure nauire:
Et maugré la tempeste, & le cruel effort
De la mer & des vents, conduisez-le à bon port.

La France à iointe mains vous en prie & reprie.
Las! qui sera bien tost & proye & moquerie
Des Princes estrangers, s'il ne vous plaist en bref
Par vostre authorité appaiser ce méchef.

Ha! que diront là bas sous les tombes poudreuses
De tant de vaillans Roys les ames genereuses!
Que dira Pharamond, Clodion, & Clouis!
Nos Pepins! nos Martels! nos Charles, nos Loys:
Qui de leur propre sang à tous perils de guerre,
Ont acquis à nos Roys vne si belle terre?

Que diront tãt de Ducs, & tãt d'hõmes guerriers
Qui sont morts d'vne playe au cõbat les premiers?
Et pour Frãce ont souffert tãt de labeurs extremes?
La voyant auiourd'huy destruire par nous mesmes?

Ils se repentiront d'auoir tant trauaillé,
Querelé, combatu, guerroyé, bataillé
Pour vn peuple mutin diuisé de courage,
Qui pert en se iouant vn si bel heritage:
Heritage opulant, que toy peuple qui bois
De l'Angloise Tamise, & toy More qui vois
Tomber le chariot du Soleil sur ta teste,
Et toy race Gottique aux armes tousiours preste,
Qui sens la froide Bise en tes cheueux venter,

Par armes n'auiez sçeu ny froisser ny domter.
  Car tout ainsi qu'on voit de la dure coignée
Moins reboucher le fer, plus est embesongnée
A couper, à trancher, & à fendre du bois,
Ainsi par le trauail s'endurcist le François:
Lequel n'ayant trouué qui par armes le domte
De son propre cousteau soymesmes se surmonte.
Ainsi le fier Aiax fut de soy le vainqueur,
De son propre cousteau s'outre-perçant le cœur.
Ainsi Rome iadis des choses la merueille,
(Qui depuis le riuage où le Soleil s'éueille,
Iusques à l'autre bord son Empire estendit,)
Tournant le fer contre elle à la fin se perdit.
  C'est grand cas que nos yeux sont si plains d'vne
    nuë,
Qu'ils ne connoissent pas nostre perte auenuë,
Bien que les estrangers qui n'ont point d'amitié
A nostre nation, en ont mesmes pitié:
Nous sommes accablez d'ignorance si forte,
Et liez d'vn sommeil si paresseux, de sorte
Que nostre esprit ne sent le malheur qui nous poinct
Et voyans nostre mal nous ne le voyons point.
  Des long temps les escrits des antiques prophetes,
Les songes menaçans, les hideuses comettes,
Las! nous auoyent predit que l'an soixante & deux
Rendroit de tous costez les François malheureux,
Tuez assassinez: mais pour n'estre pas sages
Nous n'auons iamais creu à si diuins presages,
Obstinez, aueuglés: ainsi le peuple Hebrieu

A iij

8　DISCOVRS DES MISERES

N'adioustoit point de foy aux prophetes de Dieu:
Lequel ayant pitié du François qui foruoye,
Comme pere benin du haut Ciel luy enuoye
Songes & visions & prophetes, à fin
Qu'il pleure, & se repente, & s'amande à la fin.
　Le Ciel qui a pleuré tout le long de l'année
Et Seine qui couroit d'vne vague esfrenée,
Et bestail & pasteurs largement rauissoit,
De son malheur futur Paris auertissoit,
Et sembloit que les eaux en leur rage profonde
Voulussent renoyer vne autrefois le monde.
Cela nous predisoit que la terre & les cieux
Menaçoient nostre chef d'vn mal prodigieux.
　O toy historien qui d'ancre non menteuse
Escrits de nostre temps l'histoire monstrueuse,
Raconte à nos enfans tout ce malheur fatal,
Afin qu'en te lisant ils pleurent nostre mal,
Et qu'ils prennent exëple aux pechez de leurs peres,
De peur de ne tomber en pareilles miseres.
　De quel front, de quel œil, ô siecles inconstans!
Pourront ils regarder l'histoire de ce temps!
En lisant que l'honneur, & le sceptre de France
Qui depuis si long âge auoit pris accroissance,
Par vne Opinion nourrice des combats,
Comme vne grande roche, est bronché contre bas!
　On dit que Iuppiter faché contre la race
Des hommes qui vouloient par curieuse audace
Enuoyer leurs raisons iusqu'au Ciel, pour sçauoir
Les hauts secrets divins que l'homme ne doit veir,

DE CE TEMPS. 9

Vn iour estant gaillard choisit pour son amye
Dame Presomption, la voyant endormie
Au pié du mont Olympe, & la baisant soudain
Conceut l'Opinion peste du genre humain.
Cuider en fut nourrice, & fut mise à l'escolle
D'orgueil, de fantasie & de ieunesse folle.
  Elle fut si enflée, & si pleine d'erreur
Que mesme ses parens faisoit trambler d'horreur.
Elle auoit le regard d'vne orgueilleuse beste,
De vent & de fumée auoit plaine la teste.
Son cœur estoit couué de vaine affection,
Et sous vn pauure habit cachoit l'ambition:
Son visage estoit beau comme d'vne Sereine,
D'vne parolle douce auoit la bouche pleine.
Legere elle portoit des aisles sur le dos:
Ses iambes & ses pieds n'estoient de chair ny d'os,
Ils estoient faits de laine, & de cotton bien tendre
Afin qu'à son marcher on ne la peust entendre.
  Elle se vint loger par estranges moyens
Dedans le cabinet des Theologiens,
De ces nouueaux Rabins, & brouilla leurs courages
Par la diuersité de cent nouueaux passages,
Afin de les punir d'estre trop curieux
Et d'auoir eschellé comme Geants les cieux.
  Ce monstre que i'ay dit met la France en cam-
    paigne,
Mandiant le secours de Sauoye, & d'Espaigne,
Et de la nation qui prompte au Tabourin
Boit le large Danube, & les ondes du Rhin.

10 DISCOVRS DES MISERES

Ce monstre arme le fils contre son propre pere,
Et le frere (ô malheur) arme contre son frere,
La sœur contre la sœur, & les cousins germains
Au sang de leurs cousins veulét trêper leurs mains:
L'oncle fuit son nepueu, le seruiteur son maistre,
La femme ne veut plus son mary reconnoistre:
Les enfans sans raison disputent de la foy,
Et tout à l'abandon va sans ordre & sans loy.

L'artizan par ce monstre a laissé sa boutique,
Le Pasteur ses brebis, l'Aduocat sa pratique,
Sa nef le marinier, sa Foire le marchant,
Et par luy le preudhomme est deuenu meschant.
L'escollier se desbauche: & de sa faux tortuë
Le Laboureur façonne vne dague pointuë
Vne picque guerriere il fait de son rateau,
Et l'acier de son coultre il change en vn couteau.

Morte est l'autorité: chacun vit en sa guise,
Au vice desreiglé la licence est permise,
Le desir, l'auarice & l'erreur incensé,
Ont sans dessus-dessous le monde renuersé.
On a fait des lieux saints vne horrible voirie,
Vn assassinement, & vne pillerie,
Si bien que Dieu n'est seur en sa propre maison:
Au Ciel est reuollée & Iustice & raison,
Et en leur place helas! regne le brigandage,
La force, le harnois, le sang & le carnage.
Tout va de pis en pis: les Citez ont brisé
La foy qu'elles deuoient à leur Roy mesprisé:
Mars enflé de faux zele & de vaine apparence

DE CE TEMPS.

Ainsi qu'vne furie agite nostre France:
Qui farouche à son Prince, opiniastre suit
L'erreur d'vn estranger, & folle se destruit.
   Tel voit on le Poulain dont la bouche trop forte
Par bois & par rochers son escuyer emporte,
Et maugré l'esperon, la houssine, & la main,
Se gourme de sa bride, & n'obeist au frein:
Ainsi la France court en armes diuisée,
Depuis que la raison n'est plus autorisée.
   Mais vous Royne tressage, en voyant ce discord
Pouuez en commandant les mettre tous d'accord:
Imitant le Pasteur qui voyant les armées
Des Abeilles voller fierement animées
Pour soustenir leurs Roys, au combat se ruer
Se percer, se picquer, se naürer, se tuer,
Et entre les assauts, forcenant pesle-mesle
Tomber mortes du Ciel aussi menu que gresle,
Portant vn gentil cœur dedans vn petit corps:
   Il verse parmy l'air vn peu de poudre: & lors
Retenant des deux Camps la fureur à son aise,
Pour vn peu de sablon tant de noises apaise.
   Ainsi presque pour rien la seule dignité
De voz enfans, de vous, de vostre autorité
(Que pour vostre vertu chaque Estat vous accorde)
Pourra bien apaiser vne telle discorde.

   O Dieu qui de là haut nous enuoyas ton fils
Et la paix eternelle auecque nous tu fis,
Donne (ie te supply') que cette Royne mere

12 DISCOVRS DES MISERES

Puisse de ces deux Camps apaiser la colere:
Donne moy derechef que son sceptre puissant
Soit maugré le discord en armes fleurissant.
Donne que la fureur de ce Monstre barbare
Aille bien loin de France au riuage Tartare.
Donne que noz harnois de sang humain tachez
Soient dans vn Magazin pour iamais attachez.
Donne que mesme Loy vnisse noz Prouinces
Vnissant pour iamais le vouloir de noz Princes.
  Ou bien (O Seigneur Dieu) si les cruels destins
Nous veullent saccager par la main des mutins,
Donne que hors des poings eschape l'alumelle
De ceux qui soustiendront la mauuaise querelle.
Donne que les serpens des hideuses Fureurs
Agitent leurs cerueaux de Paniques terreurs.
  Done qu'en plein midy le iour leur semble trouble,
Donne que pour vn coup ils en sentent vn double,
Donne que la poussiere entre dedans leurs yeux:
D'vn esclat de tonnerre arme ta main aux cieux,
Et pour punition eslance sur leur teste,
Et non sur les rochers, les traiz de ta tempeste.

DE CE TEMPS. 13

CONTINVATION DV
Discours des Miseres de ce Temps,
à la Royne.

Adame, ie serois ou du plomb ou
du bois,
Si moy que la nature a fait nai-
stre François,
Aux siecles aduenir ie ne côtois
la peine,
Et l'extreme malheur dont nostre Frãce est pleine.
 Ie veux maugré les ans au monde publier,
D'vne plume de fer sur vn papier d'acier,
Que ses propres enfans l'ont prise & deuestue,
Et iusques à la mort vilainement batue.
 Elle semble au marchant, helas! qui par malheur
En faisant son chemin rencontre le volleur,
Qui contre l'estomac luy tend la main armée
D'auarice cruelle & de sang affamée:
 Il n'est pas seulement content de luy piller
La bourse & le cheual, il le fait despouiller,
Ie bat & le tourmente, & d'vne dague essaye
De luy chasser du corps l'ame par vne playe:
Puis en le voyant mort il se rit de ses coups,
Et le laisse manger aux mastins & aux loups.
 Si est-ce qu'à la fin la diuine puissance
Court apres le meurtrier, & en prend la vengeance,

Et desus vne rouë (apres mille trauaux)
Sert aux hommes d'exemple, & de proye aux cor-
      beaux.
    Mais ces nouueaux Tyrans qui la France ont
      pillée,
Vollée, assassinée, à force despouillée,
Et de cent mille coups le corps luy ont batu,
(Comme si brigandage estoit vne vertu)
Viuent sans chastiment, & à les ouir dire,
C'est Dieu que les conduist, & ne s'en font que rire.
  Ils ont le cœur si fol si superbe, & si fier,
Qu'ils osent au combat leur maistre desfier.
Ils se disent de Dieu les mignons: & au reste
Qu'ils sont les heritiers du royaume celeste,
Les pauures incensés! qui ne connoissent pas
Que Dieu pere commun des hommes d'icy bas
Veut sauuer vn chacun, & que la grand closture
Du grand Paradis s'ouure à toute creature
Qui croit en Iesuschrist: cerces beaucoup de lieux,
Et de sieges seroient sans ames dans les cieux,
Et paradis seroit vne plaine deserte,
Si pour eux seulement la porte estoit ouuerte.
  Or eux se vantãt seuls les vrais enfans de Dieu,
En la dextre ont le glaiue, & en l'autre le feu
Et comme furieux qui frappent & enragent,
Vollent les temples saincts, & les villes saccagent.
  Et quoy! brusler maisons, piller & brigander,
Tuer, assassiner, par force commander,
N'obeir plus aux Roys, amasser des armées,

DE CE TEMPS.

Appellés vous cela Eglises reformées?
IESVS que seulement vous confessés icy
De bouche & non de cœur, ne faisoit pas ainsi:
Et S. Paul en preschant n'auoit pour toutes armes
Sinon l'humilité, les ieusnes, & les larmes,
Et les Peres Martyrs aux plus dures saisons
Des Tyrans, ne s'armoient sinon que d'oraisons,
Bien qu'vn Ange du ciel à leur moindre priere
En souflant eust rué les Tyrans en arriere.
" Mais par force on ne peut Paradis violer:
IESVS nous a monstré le chemin d'y aller:
Armés de patience il faut suyure sa voye,
Celuy qui ne la suit se damne & se fouruoye.
Voulés vous ressembler à ses fols Albigeois
Qui planterent leur secte auecque le harnois?
Ou à ces Arriens qui par leur frenaisie
Firent perdre aux Chrestiens les villes de l'Asie?
Ou à Zuingle qui fut en guerre desconfit?
Ou à ceux que le Duc de Lorraine desfit?
Vous estes des long temps en possession d'estre
Par armes combatus, nostre Roy vostre maistre
Bien tost à vostre dam le vous fera sentir,
Et lors de vostre orgueil sera le repentir.
Tandis vous exercés vos malices cruelles,
Et de l'Apocalypse estes les sauterelles,
Lesquelles aussi tost que le Puis fut ouuert
D'enfer, par qui le Ciel de nuës fut couuert,
Auecques la fumée en la terre sortirent,
Et des fiers scorpions la puissance vestirent:

16 DISCOVRS DES MISERES

El' auoient face d'hôme, & portoiët de grãds dents
Tout ainsi que Lyons affamez & mordans.
   Leur maniere d'aller en marchant sur la terre
Sembloit cheuaux armez qui courent à la guerre,
Ainsi qu'ardentement vous courés aux combats
Et villes & Chasteaux vous renuersés à bas.
   El' auoient de fin or des couronnes aux testes,
Ce sont vos morions haut dorés par les crestes,
El' auoient tout le corps de plastrons enfermés,
Les vostres sont tousiours de corcelets armés:
Comme des scorpions leur queuë estoit meurtriere,
Ce sont vos pistolets qui tirent par derriere:
Perdant estoit leur maistre, & le vostre a perdu
Le sceptre que nos Roys auoyent tant deffendu.
Vous ressemblés encor à ces ieunes viperes,
Qui ouurent en naissant le ventre de leur meres,
Ainsi en auortant vous aués fait mourir
La France vostre mere, en lieu de la nourrir.
   De Beze ie te prie escoute ma parolle
Que tu estimeras d'vne personne folle,
S'il te plaist toutesfois de iuger sainement,
Apres m'auoir ouy tu diras autrement.
   La terre qu'auiourd'huy tu remplis toute d'armes
Y faisant fourmiller grand nombre de gendarmes,
Et d'auares soldars, qui du pillage ardans.
Naissent de sous ta voix, tout ainsi que des dents
Du grand serpët Thebain les hommes, qui muerent
Le limon en couteaux, desquels s'entretuerent:
Et nés & demi nés se firent tous perir,

                            Si

DE CE TEMPS 17

Si qu'vn mesme soleil les vit naistre & mourir.
De Beze ce n'est pas vne terre Gottique,
Ny vne region Tartare, ny Scythique,
C'est celle où tu naquis, qui douce te receut
Alors qu'à Vezelay ta mere te conceut:
Celle qui t'a nourry, & qui t'a fait aprendre
La science & les ars dès ta ieunesse tendre,
Pour luy faire seruice, & pour en bien vser,
Et non, comme tu fais, à fin d'en abuser.
Si tu es enuers elle enfant de bon courage,
Ores que tu le peux, rends luy son nourrissage,
Retire tes soldars, & au lac Geneuois
(Comme chose execrable) enfonce leurs harnois.
Ne presche plus en France vne Euangile armée,
Vn Christ empistollé tout noircy de fumée,
Portant vn morion en teste, & dans la main
Vn large coustelas rouge de sang humain:
Cela deplaist à Dieu, cela desplaist au Prince,
Cela n'est qu'vn appas qui tire la prouince
A la sedition, laquelle desoubs toy
Pour auoir liberté, ne voudra plus de Roy.
Certes il vaudroit mieux à Lozanne relire
Du grand fils de Thetis les prouesses & l'ire,
Faire combatre Aiax, faire parler Nestor,
Ou reblesser Venus, ou retuer Hector
En papier non sanglant, que remply d'arrogance
Te mesler des combats dont tu n'as connoissance,
Et trainer apres toy le vulgaire ignorant,
Lequel ainsi qu'vn Dieu te va presque adorant.

B

18 DISCOVRS DES MISERES

Certes il vaudroit mieux celebrer ta Candide,
Et comme tu faisois, tenir encor la bride
Des cygnes Paphians, aupres d'vn antre au soir
Tout seul dans le giron des neuf Muses t'assoir.
Que reprendre l'Eglise, ou pour estre veu sage
Amander en sainct Paul ie ne sçay quel passage:
De Beze mon amy, tout cela ne vaut pas
Que la France pour toy prenne tant de combats!
Ny que pour ton erreur vn tel Prince s'empesche!
  Vn iour en te voyant aller faire ton Presche
Ayant desoubs vn Reistre vne espée au costé:
Mon dieu ce di-ie lors quelle sainte bonté!
O parolle de Dieu d'vn faux masque trompée!
Puis que tes predicans preschent à coups d'espée:
Bien tost auec le fer nous serons consumés,
Puis qu'on voit d'vn harnois les Ministres armés.
  Et lors deux Surueillans qui parler m'entendirēt,
Auec vn haussebec, ainsi me respondirent,
Quoy parles tu de luy? qui seul est enuoyé
Du Ciel, pour r'enseigner le peuple déuoyé?
Ou tu es vn Athée, ou quelque benefice
Te fait ainsi vomir ta rage & ta malice!
Puis que si arrogant tu ne fais point d'honneur
A ce prophete sainct enuoyé du Seigneur!
  Adonq ie respondi, appelles vous Athée
La personne qui point n'a de son cœur ostée
La foy de ses ayeux? qui ne trouble les loix
De son païs natal, les peuples ny les Roys?
  Appellés vous Athée, vn homme qui mesprise

DE CE TEMPS 19

Vos songes contrefais, les monstres de l'Eglise?
Qui croit en vn seul Dieu, qui croit au sainct Esprit
Qui croit de tout son cœur au sauueur Iesuchrist?
Apellés vous Athée vn homme qui deteste
Et vous & vos erreurs comme infernalle pestes
Et voz beaux Predicans, qui fins & cauteleux
Vont abusant le peuple, ainsi que basteleus
Badins enfarinés au milieu d'vne place
Vont iouant finement leurs tours de passe passe,
Et à fin qu'on ne voye en plein iour leur abus
Soufle dedans les yeux leur poudre d'Oribus.
  Vostre poudre est crier bien haut contre le Pape
Dechifrant maintenant sa Tiare & sa chape,
Maintenant ses pardons, ses bulles, & son bien,
Et plus vous criés haut, plus estes gens de bien.
  Vous resemblés à ceux que les fieures incensent,
Qui cuydent estre vrais tous les songes qu'ils pésent:
Toutesfois la pluspart de vos Rhetoriqueurs
Vous preschent autrement qu'ils n'ont dedans les
    cœurs:
  L'vn monte sur la chaire ayant l'ame surprise
D'arogance & d'orgueil, l'autre de conuoitise,
Et l'autre qui n'a rien voudroit bien en auoir,
L'autre brule d'ardeur de monter en pouuoir,
L'autre à l'esprit aigu, qui par meinte trauerse
Soubs ombre de pitié tout le monde renuerse.
  Ha que vous estes loing de nos premiers docteurs,
Qui sans craindre la mort ny les persecuteurs,
Alloient de leur bon gré aux plus cruels supplices

B ij

Sans enuoyer pour eux ie ne sçay quels nouices!
Que vit tant à Geneue vn Caluin desia vieux?
Qu'il ne se fait en France vn martyr glorieux?
Soufrant pour sa parolle? ô ames peu hardies!
Vous resemblés à ceux qui font les Tragedies,
Lesquels sans les iouër demeurent tous creintifs,
Et en donnent la charge aux nouueaux apprentis,
Pour n'estre point moqués ny siflés, si l'issuë
De la fable n'est pas du peuple bien receuë.
  Le peuple qui vous suit est tout empoisonné,
Il a tant le ceruau de sectes estonné,
Que toute la Rubarbe & toute l'Anticyre
Ne luy sçauroient garir sa fieure qui empire:
Car tant s'en faut helas! qu'on la puisse garir
Que son mal le contente, & luy plaist d'en mourir.
  Il faut ce dittes vous que ce peuple fidelle
Soit guidé par vn Chef qui preigne sa querelle:
Ainsi que Gedeon qui seul esleu de Dieu,
Contre les Madiens mena le peuple Hebrieu:
  Si Gedeon auoit commis vos brigandages,
Vos meurtres, vos larcins, vos Gottiques pillages,
Il seroit execrable, & s'il auoit forfait
Contre le droict commun, il auroit tresmal fait.
  De vostre election faittes nous voir la bulle!
Et nous monstrés de Dieu le seing & la cedulle!
Si vous ne la monstrés, il faut que vous croyés
Que ie ne croiray pas que soyez enuoyez.
  Ce n'est plus auiourd'huy qu'on croit en tels ora-
sles:

DE CE TEMPS.

Faites à tout le moins quelques petis miracles!
Comme les peres sainêts, qui iadis guerissoient
Ceux qui de maladie aux chemins languissoient
Et desquels seulement l'ombre estoit salutaire:
    Il n'est plus question, ce dites vous, d'en faire,
La foy est approuuée: allés aux Regions
Qui n'ont ouy parler de nos Religions,
Au Perou, Canada, Callicuh, Canibales,
Là montrés par effect vos vertus Caluinalles.
    Si tost que cette gent grossiere vous verra
Faire vn petit miracle, en vous elle croira,
Et changera sa vie, où tout erreur abonde.
    Ainsi vous sauueres la plus grand part du monde.
    Les Apostres iadis preschoient tous d'vn accord,
Entre vous auiourd'huy ne regne que discord,
Les vns sont Zuingliens, les autres Lutheristes,
O Ecolampadiens, Quintins Anabaptistes,
Les autres de Caluin vont adorant les pas,
L'vn est predestiné, & l'autre ne l'est pas,
Et l'autre enrage apres l'erreur Muncerienne,
Et bien tost s'ouurira l'escole Bezienne.
    Si bien que ce Luther lequel estoit premier,
Chassé par les nouueaux est presque le dernier,
Et sa secte qui fut de tant d'hommes garnie,
Est la moindre de neuf qui sont en Germanie.
    Vous deuriez pour le moins auant que nous troubler,
Estre ensemble d'accort sans vous desassembler,
Car Christ n'est pas vn Dieu de noise ny discorde:

B iij

22 DISCOVRS DES MISERES

Christ n'est que charité, qu'amour, & que concorde,
Et montrés clerement par la diuision,
Que Dieu n'est point autheur de vostre opinion.
 Faite moy voir quelqu'vn qui ait changé de vie
Apres auoir suiuy vostre belle folie?
I'en voy qui ont changé de couleur & de teint,
Hydeux en barbe longue, & en visage feint,
Qui sont plus que deuant tristes mornes, & palles,
Comme Oreste agité des fureurs infernalles.
 Mais ie n'en ay point veu qui soient d'audacieux
Plus humbles deuenus, plus doux, ny gracieux,
De paillards continens, de menteurs veritables,
D'effrontés vergongneux, de cruels charitables,
De larrons aumonniers, & pas vn n'a changé
Le vice dont il fut au parauant chargé
 Ie connois quelques vns de ces fols qui vous suiu-
ent,
Ie sçay bien que les Turcs & les Tartares viuent
Plus modestement qu'eux, & suis tout effroyé
Que mille fois le iour leur chef n'est foudroyé.
 I'ay peur que tout ainsi qu'Arrius fit l'entrée
Au Turc qui surmonta l'Asienne contrée,
Que par vostre moyen il ne se veuille armer,
Et que pour nous dompter il ne passe la mer.
Et que vous les premiers n'en suportiés la peine,
En pensant vous vanger de l'Eglise Romaine.
Ainsi voit on celuy qui tend le piege au bois
En voulant predre autruy se prendre quelque fois.
 La tourbe qui vous suit est si vaine & si sotte,

DE CE TEMPS.

Qu'estant afriandée aux douceurs de la Lote,
I'entens afriandée à cette liberté
Que vous preschez par tout, tient le pas aresté
Sur le bord estranger, & plus n'a souuenance
De vouloir retourner au lieu de sa naissance
 Helas si vous auiez tant soit peu de raison,
Vous connoistriez bien tost qu'on vous tient en pri-
  son,
Pipés ensorcelez, comme par sa malice
Circé tenoit charmez les compagnons d'Vlysse.
 O Seigneur tout puissant ne mets point en oubly
D'enuoyer vn Mercure auecques le moly
Vers ce noble Seigneur, à fin qu'il l'admonneste,
Et luy face rentrer la raison en la teste,
Luy descharme les sens, luy dessille les yeux,
Luy montre clerement quels furent ses ayeux,
Grans Roys, & gouuerneurs des grandes Repu-
  bliques,
Tant craints & redoubtez pour estre catholiques.
 Si la saine raison le regaigne vne fois,
Luy qui est si gaillard, si doux, & si courtois,
Il connoistra l'estat auquel on le fait viure:
Et comme pour de l'or on luy donne du cuiure,
Et pour vn grand chemin vn sentier esgaré,
Et pour vn Diamant vn verre bigarré:
 Helas ie suis marry que cil qui fut mon maistre,
Despetré du filet ne se peut reconnoistre:
Ie n'ayme son erreur, mais hayr ie ne puis
Vn si digne Prelat dont seruiteur ie suis,
      B iiij

Qui benin m'a seruy (quand fortune prospere
Le tenoit pres des Roys) de Seigneur & de pere.
Dieu preserue son chef de malheur & d'ennuy,
Et le bon heur du ciel puisse tumber sur luy.

   Acheuant ces propos ie me retire, & laisse
Ces surueillans confus au milieu de la presse,
Qui disoient que Sathan le cœur m'auoit couué,
Et me grinceant les dens m'appelloient reprouué.

   L'autre iour en pensant que cette pauure terre
S'en alloit (ô malheur) la proye d'Angleterre,
Et que ses propres fils amenoient l'estranger,
Qui boit les eaux du Rhin, à fin de loutrager:
M'apparut tristement l'Idole de la France,
Non telle qu'elle estoit lors que la braue lance
De Henry la gardoit, mais foible & sans confort
Comme vne pauure femme atteinte de la mort,
Son Sceptre luy pendoit, & sa robbe semée
De fleurs de lys estoit en cent lieux entamée,
Son poil estoit hydeux, son œil haue, & profond,
Et nulle maiesté ne luy haussoit le front.

   En la voyant ainsi ie luy dis ô Princesse,
Qui presque de l'Europe as esté la maistresse,
Mere de tant de Roys, conte moy ton Malheur!
Et dy moy ie te pry d'où te vient ta douleur!

   Elle adonq en tirant sa parolle contrainte,
Souspirant aigrement, me fit ainsi sa pleinte.

   Vne ville est assise és champs Sauoysiens,
Qui par fraude a chassé ses seigneurs anciens,
Miserable seiour de toute apostasie,

D'opiniastreté, d'orgueil, & d'heresie,
Laquelle (en ce pendant que les Roys augmentoient
Mes Bornes, & bien loing, pour l'honneur comba-
   toient)
Appellant les banis en sa secte damnable
Ma fait comme tu vois chetiue & miserable.
   Or mes Rois voyans bien qu'vne telle cité
Leur seroit quelque iour vne infelicité,
Deliberoient assez de la ruer par terre:
Mais contre elle iamais n'ont entrepris la guerre,
Ou soit par negligence, ou soit par le destin
Entiere ils l'ont laissée: & de là vient ma fin.
   Comme ces Laboureurs dont les mains inutiles
Laissent pendre l'hyuer vn toufeau de Chenilles
Dans vne fueille seche au feste d'vn pommier:
Si tost que le Soleil de son rayon premier
A la fueille eschauffée, & quelle est arrousée
Par deux ou par trois fois d'vne tendre rosée,
Le venin qui sembloit par l'hyuer consumé,
En Chenilles soudain apparoist animé,
Qui tumbent de la fueille, & rempét à grand peine
D'vn dos entre-cassé au milieu de la plaine,
L'vne monte en vn Chesne & l'autre en vn Or-
   meau,
Et tousiours en mangeant se trainent au coupeau,
Puis descendent à terre, & tellement se paissent
Qu'vne seule verdure en la terre ne laissent.
   Alors le laboureur voyant son champ gasté,
Lamente pour neant qu'il ne s'estoit hasté

26 DISCOVRS DES MISERES

D'etoufer de bonne heure vne telle semence:
Il voit que c'est sa faute, & s'en donne l'offence.
   Ainsi lors que mes Roys aux guerres s'effor-
      çoient,
Toutes en vn monceau ces Chenilles croissoient,
Si qu'en moins de trois mois, telle tourbe enragée
Sur moy s'est espandue, & m'a toute mangée.
   Or mes peuples mutins arrogans & menteurs,
M'ont cassé le bras droit chassant mes Senateurs,
Car de peur que la loy ne corrigast leur vice
De mes palais Royaux ont bany la Iustice:
Ils ont rompu ma robbe en rompant mes citez:
Rendans mes citoyens contre moy depitez:
Ont pillé mes cheueux en pillant mes Eglises,
Mes Eglises helas! que par force ils ont prises!
En poudres foudroyant Images & autels
Venerable seiour de nos saincts immortels
» Contre eux puisse tourner si malheureuse chose,
» Et l'or sainct derobé leur soit l'or de Tholose!
   Ils n'ont pas seulement sacrileges nouueaux,
Fait de mes temples saincts, estables à Cheuaux.
Mais comme tourmentez des fureurs Stygialles
Ont violé l'honneur des Ombres sepulchrales,
Afin que par tel acte inique & malheureux
Les viuans & les mors conspirassent contre eux:
Busire fut plus doux, & celuy qui promeine
Vne roche aux enfers, eut l'ame plus humaine.
Bref, ilz m'ont delaissée en extreme langueur,
Toutesfois en mon mal ie n'ay perdu le cœur,

DE CE TEMPS. 27

Pour auoir vne Royne à propos rencontrée
Qui douce & gratieuse enuers moy s'est monstrée:
Elle par sa vertu, quand le cruel effort
De ces nouueaux mutins, me trainoit à la mort:
Lamentoit ma fortune, & comme Royne sage
Reconfortoit mon cœur, & me donnoit courage.
 Elle abbaissant pour moy sa haute maiesté,
Preposant mon salut à son authorité,
Mesmes estant malade, est maintefois allée
Pour m'apointer a ceux qui m'ont ainsi vollé?
 Mais Dieu qui des malins n'a pitié ny mercy.
(Comme au Roy Pharaon) a leur cœur endurcy
Afin que tout d'vn coup sa main puissáte & haute
Les corrige en fureur, & punisse leur faute:
Puis quand ie voy mó Roy qui desia deuient grand
Qui courageusement me soustient & defend,
Ie suis toute garie, & la seulle apparance
D'vn Prince si bien né, me nourrist d'esperance.
 Ce Prince, ou ie me trompe, en voyant son mein-
  tien,
Sa nature si douce, & incline à tout bien,
Et son corps agité d'vne ame ingenieuse,
Et sa façon de faire honneste & gratieuse,
Ny moqueur, ny iureur, menteur, ny glorieux,
Ie pense qu'icy bas il est venu des cieux
Afin que la couronne au chef me soit remise,
Et que par sa vertu refleurisse l'Eglise.
 Auant qu'il soit long temps ce magnanime Roy
Domptera les Destins qui s'arment contre moy,

28 DISCOVRS DES MISERES

Et ces faux Deuineurs qui d'vne bouche ouuerte
De son sceptre Royal vont predisant la perte.

 Ce Prince accompagné d'armes & de bon heur,
Enuoyra iusqu'au ciel ma gloire & mon honneur,
Et aura pour se rendre aux ennemis terrible,
Le nom de Treschrestien & de tresinuincible.

 Puis voyant d'autre part cet honneur de Bourbon
Ce magnanime Roy, qui tressage & tresbon
S'oppose à l'heresie, & par armes menasse
Ceux qui de leurs ayeux ont delaissé la trace.

 Voyant le Guisian d'vn courage indonté
Voyant Montmorency, voyant d'autre costé
Aumalle & sainct André: Puis voyant la noblesse
Qui porte vn cœur enflé d'armes & de prouesse:
I'espere apres l'orage vn retour de beau temps,
Et apres vn hyuer vn gracieux printemps.
» Car le bien suit le mal comme l'onde suit l'onde,
» Et rien n'est asseuré sans se changer au monde.

 Ce pendant pren la plume, & d'vn stile enduré
Contre le trait des ans engraue tout ceci,
Afin que nos nepueux puissent vn iour connoistre
Que l'homme est malheureux qui se prend à son
  maistre.

 Ainsi par vision la France à moy parla,
Puis tout soudainement de mes yeux s'en volla
Comme vne poudre au vent, ou comme vne fumée
Qui se iouänt en l'air, est en rien consumée.

INSTITVTION
POVR L'ADOLESCENCE
du Roy Treschrestien Charles
neufiesme de ce nom.

SIre, ce n'est pas tout que d'estre
Roy de France,
Il faut que la vertu honore vo-
stre enfance:
Car vn Roy sans vertu porte le
sceptre en vain,
Et luy sert pour neant de fardeau dans la main.
 Pource on dit que Thetis la femme de Pelée
Apres auoir la peau de son enfant brulée,
Pour le rendre immortel, le prist en son giron
Et de nuit, l'emporta dans l'Antre de Chiron:
Chiron noble Centaure, à fin de luy apprendre
Les plus rares vertus des sa ieunesse tendre,
Et de science & d'art son Achille honorer:
Car l'esprit d'vn grand Roy ne doit rien ignorer.
 Il ne doit seulement sçauoir l'art de la guerre,
De garder les citez, ou les ruer par terre,
De piquer les cheuaux, ou contre son harnois
Receuoir mille coups de lances aux tournois,
De sçauoir comme il faut dresser vne Embuscade,
Ou donner vne Cargue, ou vne Camisade,
Se renger en bataille, & sous les estendars

Mettre par artifice en ordre les soldars.
   Les Roys les plus brutaux telles choses n'ignorent,
Et par le sang versé leurs Couronnes honnorent:
Tout ainsi que Lyons, qui s'estiment alors
De tous les animaux estre veuz les plus fors,
Quand ils ont deuoré vn cerf au grand corsage,
Et ont remply les chaps de meurtre & de carnage.
   Mais les Princes Chrestiens n'estiment leur vertu
Proceder ny de sang ny de glaiue pointu:
Ains par les beaux mestiers qui des Muses procedent,
Et qui de grauité tous les autres excedent:
   Quand les Muses qui sont filles de Iuppiter
(Dont les Rois sont issus) les Roys daignet chanter,
Elles les font marcher en toute reuerence,
Loin de leur maiesté bannissant l'ignorance:
Et tous remplis de grace & de diuinité,
Les font parmy le peuple ordonner equité.
Ils deuiennent appris en la Mathematique,
En l'art de bien parler, en Histoire, & Musique,
En Physiognomie, à fin de mieux sçauoir
Iuger de leurs subiets seulement à les voir.
   Telle science sceut le ieune Prince Achille,
Puis sçauant & vaillant fit trebucher Troille
Sur le champ Phrygien & fit mourir encor
Deuant le mur Troyen le magnanime Hector,
Il tua Sarpedon, tua Pentasilée
Et par luy la cité de Troye fut bruslée.

AV ROY

Tel fut iadis Thesee, Hercules, & Iason,
Et tous les vaillans preux de l'antique saison.
Tel vous serez aussi, si la parque cruelle
Ne tranche auant le temps vostre trame nouuelle:
 Car Charles vostre nom tant commū à nos Roys,
Nom du Ciel reuenu en France par neuf fois
Neuf fois nombre parfait (comme cil qui assemble
Pour sa perfection trois Triades ensemble,)
Montre que vous aurez l'Empire & le renom
Des huit Charles passez dont vous portez le nom:
Mais pour vous faire tel il faut de l'artifice
Et des ieunesse apprendre à combatre le vice.
 Il faut premierement apprendre à craindre Dieu
Dont vous estes l'Image, & porter au milieu
De vostre cœur son nom, & sa saincte parolle,
Comme le seul secours dont l'homme se consolle.
 En apres si voulez en terre prosperer
Il vous faut vostre mere humblement honorer,
La craindre & la seruir: qui seulement de mere
Ne vous sert pas icy: mais de garde & de pere:
 Apres il faut tenir la loy de vos ayeux,
Qui furēt Rois en terre, & sont là haut aux cieux.
Et garder que le peuple n'imprime en sa ceruelle
Le curieux discours d'vne secte nouuelle.
 Apres il faut apprendre à bien imaginer,
Autrement la raison ne pourroit gouuerner,
Car tout le mal qui vient à l'hōme, prend naissance,
Quand, par sus la raison le Cuider a puissance:
 Tout ainsi que le corps s'exerce en trauaillant,

Il faut que la raison s'exerce en bataillant
Contre la monstrueuse & faulse fantasie,
De peur que vainement l'ame n'en soit saisie.
Car ce n'est pas le tout de sçauoir la vertu,
Il faut connoistre aussi le Vice reuestu
D'vn habit vertueux, qui d'autant plus offence
Qu'il se montre honorable, & a belle apparence.
　De là vous apprendrez à vous connoistre bien,
Et en vous connoissant vous ferez tousiours bien:
,, Le vray commencemēt pour en vertus accroistre,
,, C'est (disoit Apollon) soymesme se connoistre:
Celuy qui se connoist, est seul maistre de soy
Et sans auoir Royaume, il est vrayement vn Roy.
　Commencez donq ainsi: puis si tost que par l'aage
Vous serez homme fait de corps, & de courage,
Il faudra de vous-mesme apprendre à commander,
A ouyr vos subiets, les voir, & demander,
Les connoistre par nom, & leur faire Iustice,
Honorer la vertu & corriger le vice.
　Malheureux sont les Roys qui fondent leur apuy
Sur l'ayde d'vn commis, qui par les yeux d'autruy
Voyent l'estat du peuple, & oyent par l'oreille.
D'vn flateur mensonger qui leur conte merueille.
Tel Roy ne regne pas, ou bien il regne en peur
(D'autant qu'il ne sçait rien) d'offencer vn flateur.
　Mais (Sire) ou ie me trompe en voyant vostre
　　grace
Ou vous tiendrez d'vn Roy la légitime place:
Vous ferez vostre charge, & comme vn Prince doux
　　　　　　　　　　　　　　　　Audience

AV ROY. 33

Audience & faueur vous donnerez à tous.
 Vostre Palais Royal connoistrez en presence:
Et ne commettrez point vne petite offence:
Si vn Pilote faut tant soit peu, sur la mer
Il fera dessous l'eau la nauire abismer.
„ Aussi faillant vn Roy tant soit peu: la Prouince
„ Se perd, car volontiers le peuple suit son Prince.
 Aussi pour estre Roy vous ne deuez penser
Vouloir comme vn Tyran voz subiets offencer,
Car comme nostre corps, vostre corps est de boüe.
„ Des petis & des grands la fortune se ioue:
Tous les regnes mondains se font & se defont,
Et au gré de fortune ils viennent & s'en vont,
Et ne durent non-plus qu'vne flame allumée
Qui soudain est esprise & soudain consumée:
 Or Sire imitez Dieu lequel vous a donné
Le Sceptre, & vous a fait vn grand Roy couronné,
Faites misericorde à celuy qui supplie,
Punissez l'orgueilleux qui s'arme en sa follie,
Ne poussez par faueur vn homme en dignité,
Mais chiosissez celuy qui l'a bien merité:
Ne baillez pour argent ny estats ny offices,
Ne donnez aux premiers les vaccans benefices,
Ne souffrez pres de vous ne flateurs, ne vanteurs,
Fuyez ces plaisans fols qui ne sont que menteurs,
Et n'endurez iamais que les langues legeres
Mesdisent des Seigneurs des terres estrangeres.
 Ne soyez point moqueur ne trop haut à la main:
Vous souuenant tousiours que vous estes humain.

C

Ne pillez voz subiets par rançons ny par tailles,
Ne prenez sans raison ny guerres ny batailles,
Gardez le vostre propre, & voz biens amassez
Car pour viure content vous en auez assez.
　S'il vous plaist vous garder sans archer de la
　　garde,
Il faut que d'vn bon œil le peuple vous regarde,
Qu'il vous ayme sans crainte, ainsi les puissās Roys
Ont gardé leur Empire, & non par le harnois.
　Comme le corps Royal ayez l'ame Royalle,
Tirez le peuple à vous d'vne main liberalle,
Et pensez que le mal le plus pernicieux
C'est vn Prince sordide & auaricieux.
　Ayez autour de vous des personnes notables,
Et les oyez parler volontiers à voz tables,
Soyez leur auditeur comme fut vostre ayeul
Ce grand François qui vit encores au cercueil :
　Soyez côme vn bon Prince amoureux de la gloire,
Et faittes que de vous se remplisse vne histoire
Du temps victorieux, vous faisant immortel
Comme Charles le grand, ou bien Charles Martel.
　Ne souffrez que les grands blessent le populaire,
Ne souffrez que le peuple au grand puisse desplaire,
Gouuernez vostre argent par sagesse & raison :
″ Le Prince qui ne peut gouuerner sa maison,
″ Sa femme, ses enfans, & son bien domestique,
″ Ne sçauroit gouuerner vne grand Republique.
　Pensez long têps deuant que faire aucuns Edicts
Mais si tost qu'ils seront deuant le peuple mis,

AV ROY

Qu'ils soyent pour tout iamais d'inuincible puis-
   sance,
Car autrement voz loix sentiroyent leur enfance.
   Ne vous monstrez iamais pompeusement vestu,
L'habillement des Roys est la seule vertu:
Que vostre corps reluise en vertus glorieuses,
Et non pas voz habits de perles precieuses.
   D'amis plus que d'argēt montrez-vous desireux,
Les Princes sans amis sont tousiours malheureux.
Aymez les gens de bien ayant tousiours enuie
De ressembler à ceux qui sont de bonne vie.
Punissez les malins & les seditieux:
Ne soyez point chagrin, despit, ne furieux,
Mais honneste & gaillard, portant sur le visage
De vostre gentil' ame vn gentil tesmoignage.
   Or Sire pour-autant que nul n'a le pouuoir
De chastier les Roys qui font mal leur deuoir,
Punissez vous vous-mesme, à fin que la Iustice
De Dieu qui est plus grand, voz fautes ne punisse.
Ie dy ce puissant Dieu dont l'Empire est sans bout,
Qui de son throsne assis en la terre voit tout,
Et fait à vn chacun ses Iustices egalles:
Autant aux laboureurs qu'aux personnes Royal-
   les:
Lequel ie suppliray vous tenir en sa loy,
Et vous aymer autant qu'il fit Dauid son Roy:
Et rendre comme à luy vostre Sceptre tranquille:
Car sans l'ayde de Dieu la force est inutile.

                 C ij

ELEGIE A G. DES AV-
rels Gentilhomme Charrolois.

DEs Autels, que la Loy & que
la Rhetorique,
Et la Muse cherist comme son
fils vnique:
Ie suis émerueillé que les grāds
de la Court
(Veu le temps orageux qui par la France court)
Ne s'arment les costez d'hommes qui ont puissance
Comme toy de plaider leurs causes en la France:
Et reuenger d'vn art par toy renouuelé,
Le Sceptre que le peuple a par terre foulé.
   C'est donques auiourd'huy que les Roys & les
      Princes
Ont besoin de garder par armes leurs prouinces,
Et contre leurs subiets opposer le harnois,
Vsant & de la force & de la douce voix!
Qui pourra dextrement de la tourbe mutine
Appaiser le courage & flatter la poitrine!
Car il faut desormais deffendre nos maisons,
Et par le fer trenchant & per viues raisons,
Et courageusement nos ennemis abbatre
Par les mesmes bastons dont ils nous veullēt battre.
   Ainsi que l'ennemy par liures a seduit
Le peuple desuoyé qui faucement le suit,

ELEGIE.

Il faut en disputant par liures le confondre,
Par armes l'assaillir, par armes luy respondre,
Sans montrer au besoin nos courages faillis,
Mais plus-fort resister plus serons assaillis.
　Si ne voy-ie pourtant personne qui se pousse
Sur le haut de la bresche, & l'ennemy repousse
Qui braue nous assaut, & personne ne prend
La picque, & le rempart brusquement ne deffend:
Les peuples ont recours à la bonté celeste,
Et par priere à Dieu recommandent le reste,
Et sans iouër des mains demeurent ocieux:
Ce-pendant les mutins se font victorieux.
　Durant la guerre à Troye, à l'heure que la Grece
Pressoit contre les murs la Troyenne ieunesse,
Et que le grand Achille empeschoit les ruisseaux
De porter à Thetis le tribut de leurs eaux:
Ceux qui estoient dedans la muraille assiegée,
Ceux qui estoient dehors dans le port de Sigée,
Failloient egallement: mon Desautels, ainsi,
Noz ennemis font faute & nous faillons aussi,
Ils faillent de vouloir renuerser nostre Empire,
Et de vouloir par force aux Princes contredire
Et de presumer trop de leur sens orgueilleux,
Et par songes nouueaux forcer la loy des vieux:
Ils faillent de laisser le chemin de leurs peres
Pour ensuyure le train des sectes estrangeres,
Ils faillent de semer libelles & placars,
Plains de derisions, d'enuie & de brocars,
(Diffamãs les plus grãds de nostre court Royalle,)

C iij

ELEGIE.

Qui ne seruent de rien qu'à nourrir vn scandale:
Ilz faillent de penser que tous soient aueuglez,
Que seuls ils ont des yeux, que seuls ils sont reiglez
Et que nous foruoyez ensuyuons la doctrine
Humaine & corrompuë, & non pas la diuine:
Ils faillent de penser qu'à Luther seulement
Dieu se soit apparu, & generallement
Que depuis neuf cens ans l'Eglise est deprauée
Du vin d'Hypocrisie à longs traits abreuuée:
Et que le seul escrit d'vn Bucere vaut mieux,
D'vn Zuingle, d'vn Caluin (hommes seditieux)
Que l'accord de l'Eglise, & les statuts de mille
Docteurs poussez de Dieu, conuoquez au concile:
  Que faudroit-il de Dieu desormais esperer!
Si luy doux & clement auoit souffert errer
Si long temps son Eglise? est-il autheur de faute?
Quel gain en reuiendroit à sa maiesté haute?
Quel honneur, quel profit? de s'estre tant celé,
Pour s'estre à vn Luther seulement reuelé?
  Or nous faillons aussi, car depuis sainct Gregoire
Nul Pape (dont le nom soit escrit en histoire)
En chaire ne prescha, & faillons d'autre-part
Que le bien de l'Eglise aux enfans se depart:
Il ne faut s'estonner, Chrestiens, si la nacelle
Du bon pasteur sainct Pierre en ce monde chancelle,
Puis que les ignorans, les enfans de quinze ans,
Ie ne sçay quels muguets, ie ne sçay quels plaisans
Tiennent le gouuernal, quis que les benefices
Se vendent par argent, ainsi que les offices.

ELEGIE. 39

Mais que diroit sainct Paul s'il reuenoit icy
De noz ieunes Prelats, qui n'on point de soucy
De leur pauure troupeau, dont ils prennēt la laine,
Et quelques-fois le cuir: qui tous viuent sans peine,
Sans prescher, sans prier, sans bon exemple d'eux.
Parfumez, decoupez courtizans, amoureux,
Veneurs, & fauconniers, & auecq' la paillarde
Perdēt les biens de Dieu, dōt ils n'ont que la garde?
  Que diroit il de voir l'Eglise à Iesuschrist,
Qui fut iadis fondée en humblesse d'esprit,
En toute patience, en toute obeissance,
Sans argent, sans credit, sans force, ny puissance,
Pauure, nue, exilée, ayant iusques aux os
Les verges & les foets imprimez sur le dos,
Et la voir auiourd'huy riche, grace & hautaine,
Toute pleine d'escus, de rentes, & dommaines?
Ses Ministres enflez, & ses Papes encor,
Pompeusement vestus de soye & de drap d'or?
Il se repentiroit d'auoir souffert pour elle
Tant de coups de baston, tant de peine cruelle,
Tant de bannissemens, & voyant tel meschef
Priroit qu'vn trait de feu luy accablast le chef.
  Il faut donc corriger de nostre saincte Eglise
Cent mille abus commis par l'auare prestrise,
De peur que le courroux du Seigneur tout-puissant
N'aille auecques le feu nos fautes punissant.
  Quelle fureur nouuelle a corrompu nostre aise?
Las! des Lutheriens la cause est tresmauuaise
Et la deffendent bien: & par malheur fatal,

C iiij

ELEGIE.

La nostre est bône & saincte & la deffendons mal.
  O heureuse la gent que la mort fortunée
Ha depuis neuf cens ans sous la tombe emmenée!
Heureux les peres vieux des bons siecles passez,
Qui sont sans varier en leur foy trespassez,
Ains que de tant d'abus l'Eglise fust malade:
Qui n'ouyrent iamais parler d'Oecolampade,
De Zuingle, de Bucer, de Luther, de Caluin:
Mais sans rien innouer au seruice diuin,
Ont vescu longuement, puis d'vne fin heureuse
En Iesus ont rendu leur ame geneureuse.
  Las! pauure France helas! comme vne Opinion
Diuerse a corrompu ta premiere vnion!
Tes enfans qui deuroyent te garder te trauaillent,
Et pour vn poil de bouc entre euxmesmes bataillēt,
Et comme reprouuez, d'vn courage meschant!
Contre ton estomach tournent le fer tranchant!
  N'auions nous pas assez engressé la campaigne
De Flandres, de Piedmōt, de Naples, & d'Espaigne
En nostre propre sang? sans tourner les cousteaux
Contre toy nostre mere, & tes propres boyaux?
Afin que du grand Turc les peuples infideles
Rissent, en nous voyant sanglans de noz querelles?
Et en lieu qu'on les deust par armes surmonter,
Nous vissent de nos mains nous-mesmes nous dom
    ter?
Ou par l'ire de Dieu, ou par la destinée
Qui te rend par les tiens, ô France exterminée!
  Las! faut'il ô destin, que le Sceptre François

ELEGIE. 41

Que le fier Allemant, l'Espaignol, & l'Anglois
N'a sceu iamais froisser, tombe sous la puissance
Du peuple qui deuroit luy rendre obeissance?
Sceptre qui fut iadis tant craint de toutes pars,
Qui iadis enuoya outre-mer ses soldars
Gagner la Palestine, & toute l'Idumée,
Tyr, Sydon, Antioche, & la ville nommée
Du sainct nom, où Iesus en la croix ataché,
De son precieux sang laua nostre peché!
   Sceptre qui fut iadis la terreur des Barbares,
Des Turcs, des Mammelus, des Perses & Tartares!
Bref par tout l'vniuers tant craint & redouté!
Faut il que par les siens luy-mesme soit douté!
   France, de ton malheur tu es cause en partie,
Ie t'en ay par mes vers millefois aduertie,
Tu és marastre aux tiens, & mere aux estrangers,
Qui se mocquent de toy quand tu es aux dangers:
Car la plus grande part des estrangers obtiennent
Les biens qui à tes fils iustement appartiennent.
   Pour exemple te soit ce docte Desautels,
Qui à ton los à fait des liures immortels,
Qui poursuiuoit en court dés long temp vn affaire
De bien peu de valleur, & ne la pouuoit faire
Sans ce bon Cardinal qui rompant le séiour
Le renuoya content en l'espace d'vn iour.
Voila comme des tiens tu faits bien peu de conte,
Dont tu deurois au front toute rougir de honte.
   Tu te mocques aussi des Prophetes que Dieu
Choisit en tes enfans, & les fait au milieu

ELEGIE.

De ton sein apparoistre, à fin de te predire
Ton malheur aduenir, mais tu n'en fais que rire.
Ou soit que du grand Dieu l'immense eternité
Ayt de Nostradamus l'entousiasme excité,
Où soit que le Daimon bon ou mauuais l'agite,
Ou soit que de nature il ayt l'ame subite,
Et oultre le mortel, s'eslance iusqu'aux cieux,
Et de là nous redit des faits prodigieux,
Où soit que son esprit sombre & melancolique
D'humeurs grasses repeu, le rendent fantastique:
Bref, il est ce qu'il est: si est ce toutesfois
Que par les mots douteux de sa prophette voix,
Comme vn Oracle antique, il a des mainte année
Predit la plus grand part de nostre destinée.
Ie ne l'eusse pas creu, si le ciel qui depart
Bien & mal aux humains, n'eust esté de sa part:
Certainement le ciel marry de la ruine
D'vn sceptre si gaillard en a montré le signe:
Depuis vn an entier n'a cessé de pleurer:
On a veu la Comette ardente demeurer
Droit sur nostre païs: & du ciel descendante
Tomber à sainct Germain vne colonne ardente.
Nostre Prince au milieu de ses plaisirs est mort:
Et son fils ieune d'ans a soustenu l'effort
De ses propres subiets, & la chambre honorée
De son palais Royal ne luy fust asseurée:
Dõcques ny les hauts faits des Princes ses ayeux,
Ny tant de temples saincts eslenez iusques aux
            cieux

ELEGIE. 43

Par ses peres bastu, ny sa terre puissante
Aux guerres furieuse, aux lettres fleurissante,
Ny sa propre vertu, bonté & pieté,
Ny ses ans bien appris en toute honnesteté,
Ny la deuotion, la foy, ny la priere
De sa femme pudicque, & de sa chaste mere,
N'ont enuers le destin tant de graces trouué,
Que malheur si nouueau ne luy soit arriué :
Et que l'air infecté du terroy Saxonicque
N'ait empuanty l'air de la terre Gallicque,
  Que si des Guysiens le courage hautain
N'eust au besoin esté nostre rempart certain,
Voire & si tant soit peu leur ame genereuse
Se fust alors montrée, ou tardiue ou poureuse :
C'estoit fait que du sceptre, & la contagion
De Luther eust gasté nostre religion :
Mais François d'vne-part, tout seul auecq' les armes
Opposa sa poitrine à si chaudes alarmes,
Et Charles d'autre-part, auecq' deuotions
Et sermons, s'opposa a leurs seditions,
Et par sa preuoyance & doctrine seuere
Par le peuple engarda de plus courir l'vlcere.
  Ils ont maugré l'enuie, & maugré le destin,
Et l'infidelle foy du vulgaire mutin,
A l'enuy combatu la troupe sacrilege,
Et la religion ont remise en son siege.
  O Seigneur tout-puissant! pour loyer des biens-
    faits
Que ces Princes Lorrains au besoin nous ont faits,

Et si mes humbles vœus trouuent deuant ta face
Quelque peu de credit, ie te supply de grace,
Que ces deux Guysiens, qui pour l'amour de toy
Ont r'amassé l'honneur de nostre antique foy
Flurissent à iamais en faueur vers le Prince,
Et que iamais le bec des peuples ne les pince.
　Donne que les enfans des enfans issus d'eux
Soyent aussi bons Chrestiens, & aussi genereux,
Plus grãds que nulle enuie: & qu'en paix eternelle
Ils puissent habiter leur maison paternelle.
　Ou si quelque desastre, ou le cruel malheur
Les menace tous deux, ialoux de leur valeur,
Tourne sur les mutins la menace & l'iniure,
Où sur l'ignare chef du vulgaire pariure,
Ny digne du Soleil, ny digne de tirer
L'air, qui nous fait la vie és poulmons respirer.

ELEGIE.

Comme celuy qui voit du haut
　d'vne fenestre
Alentour de ses yeux vn pai-
　sage champestre,
D'assiete different, de forme
　& de façon:
Icy vne riuiere, vn rocher, vn buisson,
Se presente à ses yeux, & là s'y represente
Vn tertre, vne prærie, vn taillis, vne sente,

ELEGIE. 45

Vn verger, vne vigne, vn iardin bien dreſſé,
Vne ronce, vne eſpine, vn chardon heriſſé:
Et là part que ſon œil vagabond ſe transporte
Il deſcouure vn pays de differente ſorte,
De bon & de mauuais: Des Maſures ainſi
Celuy qui liſt les vers que i'ay portraits icy,
Regarde d'vn trait d'œil meinte diuerſe choſe,
Qui bône & mauuaiſe entre en mon papier encloſe.
„ Dieu ſeul ne faut iamais, les hommes volontiers
„ Sont touſiours de nature imparfaits & fautiers.
   Mon liure eſt reſemblable à ces tables friandes
Qu'vn prince fait charger de diuerſes viandes:
Le maiſt qui plaiſt à l'vn, à l'autre eſt deſplaiſant,
Ce qui eſt ſucre à l'vn, eſt à l'autre cuiſant,
L'vn ayme le ſallé, l'autre ayme la chair ſade,
L'vn ayme le routy, l'autre ayme la ſallade,
L'vn ayme le vin fort, l'autre ayme le vin doux,
Et iamais le banquet n'eſt aggreable à tous:
Le prince toutesfois qui librement feſtie
Ne s'en offence point, car la plus grand partie
De ceux qui ſont aſſis au feſtin ſont allez
De franche volonté, ſans y eſtre appelez.
   Ainſi ny par edict, ny par ſtatut publique,
Ie ne contraints perſonne à mon vers poëticque:
Le liſe qui voudra, l'achette qui voudra,
Celuy qui bien content de mon vers ſe tiendra
Me fera grand plaiſir: s'il aduient au contraire
Maſures c'eſt tout vn: ie ne ſçaurois qu'y faire.
   Ie m'eſtonne de ceux de la nouuelle foy

46 ELEGIE.
Qui pour me haut louër disent tousiours de moy,
Si Ronsard ne cachoit son talent dedans terre,
Or parlant de l'amour, or parlant de la guerre
Et qu'il voulust du tout chanter de Iesus Christ,
Il seroit tout parfait: car il a bon esprit,
Mais Sathan l'a seduit, le pere des mensonges,
Qui ne luy fait chanter que fables & que songes.
  O pauures abusez! que le cuider sçauoir
Plus que toute l'Eglise, a laissé deceuoir:
Tenez vous en voz peaux, & ne iugez personne,
Ie suis ce que ie suis, ma conscience est bonne,
Et Dieu, à qui le cœur des hommes apparoist,
Sonde ma volonté, & seul il la connoist.
  O bien-heureux Lorrains, que la secte Caluine,
Et l'erreur de la terre à la vostre voisine
Ne deprava iamais: d'où seroit animé
Vn poussif Alemant dans vn poesle enfermé,
A bien interpreter les sainctes escriptures,
Entre les gobelets, les vins, & les iniures?
Y croye qui voudra, Amy ie te promets
Par ton bel Amphion de n'y croire iamais.
  L'autre iour en dormant (comme vne vaine idole
Qui deçà qui delà au gré du vent s'en volle)
M'aparut du Bellay, non pas tel qu'il estoit
Quand son vers doucereux les princes arrestoit,
Et qu'il faisoit courir la France apres sa Lyre,
Qui encore sur tous le pleint & le desire:
Mais haue & descharné planté sur de grands os:
Ses costes, sa carcasse, & l'espine du dos

ELEGIE.

Estoyent veufues de chair: & sa diserte bouche
Où iadis se logeoit la meilliere mouche,
Les Graces & Pithô, fut sans langue & sans dens,
Et ses yeux qui estoyent si promps & si ardans
A voir dancer le bal des neuf doctes pucelles,
Estoyent sans blanc, sans noir, sans clarté ny prunelles,
Et sa teste qui fut le Caballin coupeau,
Auoit le nez retraict sans cheueux, & sans peau,
Point de forme d'oreille, & la creuse ouuerture
De son ventre n'estoit que vers & pourriture:
   Trois fois ie le voulu en songes embrasser,
Et trois fois s'enfuyant, ne se voulut laisser
Presser entre mes bras: & son Ombre seulette
Volloit de place en place, ainsi qu'vne Allouëtte
Volle deuant le Chien, lequel la va suiuant,
Et en pensant la prendre, il ne prent que du vent.
A la fin en ouurant sa bouche morne, & palle,
Fit sortir vne voix comme d'vne Cygalle,
D'vn petit Gresillon, ou d'vn petit poullet,
Quand bien loing de sa mere il pepie seullet:
   Et me disoit; Ronsard que sans tache d'enuie
I'aymé, quand ie viuois, comme ma propre vie,
Qui premier me poussis & me formas la voix
A celebrer l'honneur du langage François,
Et compaignon d'vn art, tu me montras l'adresse
De me lauer la bouche es ondes de Permesse:
Puis qu'il a pleu à Dieu me prendre deuant toy,
Entends ceste leçon & la retiens de moy,

ELEGIE.

Crains Dieu sur toute chose, & iour & nuict me-
dite
En la Loy que son fils nous a laissée escripte,
Ton esperance apres, & de corps & d'esprit,
Soit fermement fichée au sauueur Iesuschrist:
Obeis à ton prince, & au bras de iustice.
Et fais à tes amis & plaisir & seruice,
Contente toy du tien, & ne sois desireux
De biens ny de faueurs: & tu seras heureux.
» Quand au monde où tu és: ce n'est qu'vne chi-
mere,
» Qui te sert de marastre en lieu de douce mere,
» Tout y va par fortune & par opinion,
» Et rien n'y est durable en parfaicte vnion,
» Dieu ne change iamais: l'homme n'est que fumée
» Qu'vn petit traict de feu tient vn iour allumée.
Bien heureux est celuy qui ny vit longuement,
Et celuy qui sans nom vit si obscurement,
Qu'a peine est il connu de ceux de son village,
Celuy, amy Ronsard, celuy est le plus sage.
Sy aux esprits des mors tu veux adiouster foy,
Qui ne sont plus menteurs: Ronsard retire toy,
Vy seul en ta maison, & ia grison delaisse
A suiure plus la court: ta Circe enchanteresse.
Quand aux champs où ie suis nous sommes tous
egaux,
Les Manes des grands Rois, & des hômes ruraux,
Des bouuiers, des soldans, & des princes d'Asie,
Errent esgallement selon leur fantasie

Qui

ELEGIE.

Qui deça qui dela, en plaisir s'esbattant
Va de verger en autre à son gré volletant,
Simple, greslé, & leger, comme on voit les Auettes
Voller parmy voz prez sur les ieunes fleurettes.
 Entre Homere & Virgille, ainsi qu'vn demy-
  dieu,
Enuironné d'esprits, i'ay ma place au mylieu,
Et suis en la façon que m'a decrit Masures
Aux champs Elisians, aymé des ames pures
Des vaillans demy-dieux, & du prince Henry
Qui se cachant sa playe erre seul & marry,
Dequoy la dure Parque, a sans pitié, rauie
Tout d'vn coup son repos, son plaisir, & sa vie.
 Et i'erre comme luy de tristesse blessé
Qui sans te dire à Dieu si tost ie te laissé,
Et sans prendre congé de toute nostre bande,
A qui leur du Bellay par toy se recommande.
 Ainsi dist ceste Idolle, & comme vn prompt
  esclair
Dans la nue se pert, se perdit dedans l'air.

       D

REMONSTRANCE
au Peuple de France.

Ciel, ô Mer, ô Terre, ô Dieu
 Pere commun
Des Chrestiens, & des Iuifs,
 des Turcs,& d'vn chacun,
Qui nourris aussi bien par ta
 bonté publique
Ceux du Pole Antartiq',que ceux du Pole Artique:
Qui donnes & raison,& vie,& mouuement
Sans respect de personne, à tous egallement:
Et fais du Ciel là haut sur les testes humaines
Tomber comme il te plaist,& les biés & les peines.
 O Seigneur tout puissant qui as tousiours esté,
Vers toutes nations plain de toute bonté,
Dequoy te sert là haut la foudre & le tonnerre,
Si d'vn esclat de feu tu n'en brusles la terre?
 Es-tu dedans vn Thresne assis sans faire rien?
Il ne faut point douter que tu ne saches bien
Cela que contre toy brassent tes creatures,
Et toutesfois,Seigneur,tu le vois & l'endures!
 Ne vois tu pas du Ciel ces petis animaux
Lesquelz ne sont vestus que de petites peaux,
Ces petis animaux qu'on appelle les hommes?
Qu'ainsi que bulles d'eaux tu creues & cõsommes?
Que les doctes Romains, & les doctes Gregois,

AV PEVPLE DE FRANCE. 51

Nomment, songe, fumée, & fueillage des bois?
Qui n'ont iamais icy la verité connuë,
Que ie ne sçay comment ou par songe ou par nuë?
 Et toutesfois Seigneur ils sont les empeschez,
Comme si tes secrets ne leur estoient cachez.
Braues entrepreneurs, & discoureurs des choses,
Qui aux entendemens de tous hommes sont closes,
Qui par longue dispute & curieux propos,
Ne te laissent iouyr du bien de ton repos,
Qui de tes sacremens effacent la memoire,
Qui disputent en vain de cela qu'il faut croire
Qui font trouuer ton Fils imposteur & menteur.
Ne les puniras tu Souuerain Createur?
Tiendras tu leur party? veux-tu que l'on t'apelle
Le Seigneur des Larrons, & le Dieu de querelles?
Ta nature y repugne, aussi tu as le nom
De doux, de pacificq', de clement, & de bon:
Et ce monde accordant, ton ouurage admirable,
Nous montre que l'accord t'est tousiours agreable.
 Mais qui seroit le Turc, le Iuif, le Sarrasin,
Qui voyant les erreurs du Chrestien son voisin,
Se voudroit baptiser? le voyant d'heure en heure
Changer d'opinion, qui iamais ne s'asseure?
Le connoissant leger, mutin, seditieux,
Et trahir en vn iour la Foy de ses ayeux?
Inconstant, incertain, qui aux propos chancelle
Du premier qui luy chante vne chanson nouuelle?
 Le voyant Manichée, & tantost Arrien,
Tantost Caluinien, tantost Lutherien,

      D ij

Suiure son propre aduis, non celuy de l'Eglise?
Vn vray iong d'vn estang, le iouet de la Bise,
Ou quelque Girouette inconstante, & suiuant
Sur le haut d'vne tour la volonté du vent?
Et qui seroit le Turc lequel auroit enuye
De se faire Chrestien en voyant telle vie?
  Certes si ie n'auois vne certaine foy
Que Dieu par son esprit de grace a mise en moy,
Voyant la Chrestienté n'estre plus que risée,
I'aurois honte d'auoir la teste baptisée:
Ie me repentirois d'auoir esté Chrestien,
Et comme les premiers ie deuiendrois Payen.
  La nuict i'adorerois les rayons de la Lune,
Au matin le Soleil, la lumiere commune,
L'œil du monde: & si Dieu au chef porte des yeux,
Les rayons du Soleil sont ses yeux radieux,
Qui donnent vie à tous, nous maintienent & gar-
dent,
Et les faicts des humains en ce monde regardent.
  Ie dy ce grand Soleil qui nous fait les saisons
Selon qu'il entre ou sort de ses douze maisons,
Qui remplit l'vniuers de ses vertus connuës,
Qui d'vn trait de ses yeux nous dissipe les nuës,
L'esprit, l'ame du monde, ardant & flamboyant,
En la course d'vn iour tout le Ciel tournoyant,
Plein d'immense grãdeur, rond, vagabõd, & ferme,
Lequel tient desoubz luy tout le monde pour terme,
En repos sans repos, oisif, & sans seiour,
Fils aisné de Nature, & le pere du iour.

AV PEVPLE DE FRANCE. 53

J'adorerois Ceres qui les bleds nous apporte,
Et Bachus qui le cœur des hommes reconforte,
Neptune le seiour des vens, & des vaisseaux,
Les Faunes, & les Pans, & les Nymphes des
 eaux,
Et la terre, hospital de toute creature,
Et ces Dieux que lon feint ministres de Nature.
 Mais l'Euangile sainct du Sauueur Iesuschrist
M'a fermement grauée vne Foy dans l'esprit,
Que ie ne veux changer pour vne autre nouuelle,
Et deussay-ie endurer vne mort trescruelle.
 De tant de nouueautez ie ne suis curieux:
Il me plaist d'imiter le train de mes ayeux,
Ie croy qu'en Paradis ils viuent à leur aise,
Encor qu'ils n'ay'nt suiuy ny Caluin ny de Besze.
 Dieu n'est pas vn menteur, abuseur, ny trompeur,
De sa saincte promesse il ne faut auoir peur,
Ce n'est que verité, & sa viue parolle
N'est pas comme la nostre incertaine & friuole.
 L'homme qui croit en moy (dit-il) sera sauué,
Nous croyons tous en toy, nostre chef est laué
En ton nom, ô Iesus, & des nostre ieunesse
Par Foy nous esperons en ta saincte promesse.
 Et toutesfois Seigneur par vn mauuais destin,
Ie ne sçay quel crotté apostat Augustin,
Vn Picard vsurier, vn teneur de racquette,
Vn mocqueur, vn pipeur, vn bon nieur de debte,
Qui vend vn benefice & à deux & à trois,
Vn paillard, vn causeur, vn renyé François,

D iij

54 REMONSTRANCE

Nous presche le contraire, & tellement il ose,
Qu'à toy la verité, sa mensonge il opose.
   Le soir que tu donnois à ta Suitte ton corps,
Personne d'vn couteau ne te pressoit alors
Pour te faire mentir, & pour dire au contraire
De ce que tu auois deliberé de faire.
   Tu as dit simplement d'vn parler net & franc
Prenant le pain & vin, c'est cy mon corps &
      sang,
Non signe de mon corps: toutesfois ces Ministres,
Ces nouueaux defroquez, apostats & belistres,
Dementent ton parler, disent que tu resuois,
Et que tu n'entendois les mots que tu disois.
   Ils nous veullent monstrer par raison naturelle
Que ton corps n'est iamais qu'à la dextre eternelle
De ton pere là haut, & veullent t'atacher
Ainsi que Promethée au feste d'vn rocher.
   Ils nous veullent prouuer par la Philosophie
Qu'vn corps n'est en deux lieux, aussi ie ne leur nye,
Car ton corps n'a qu'vn lieu: mais le tien ô Seigneur
Qui n'est que maiesté, que puissance, & qu'honneur,
Diuin glorifié, n'est pas comme les nostres:
Celuy à porte close alla voir les Apostres,
Celuy sans rien casser sortit hors du tombeau,
Celuy sans pesanteur d'os de chair ny de peau
Monta dedans le Ciel: si ta vertu feconde
Sans matiere aprestée a basty tout ce monde,
Si tu es tout diuin, tout sainct, tout glorieux,
Tu peux communiquer ton corps en diuers lieux.

AV PEVPLE DE FRANCE.

Tu serois impuissant, si tu n'auois puissance
D'accomplir tout cela que ta maiesté pense.
   Mais quel plaisir au Ciel prens tu d'ouyr çà bas
Dire que tu y es, & que tu n'y es pas!
D'ouyr ces Predicans qui par nouueaux passages
En voulāt te prouuer, prouuent qu'ils ne sont sages!
Qui pipent le vulgaire, & disputent de toy,
Et r'appellent tousiours en doute nostre foy?
   Il fait bon disputer des choses naturelles,
Des foudres, & des vens, des neiges, & des gresles,
Et non pas de la foy dont il ne faut douter,
Seulement il faut croire, & non en disputer.
   Tout homme qui voudra soigneusemēt s'enquerre
De quoy Dieu fit le ciel, les ondes, & la terre,
Du Serpent qui parla, de la pomme d'Adam,
D'vne femme en du sel, de l'asne à Balaam,
Des miracles de Moyse, & de toutes les choses
Qui sont dedans la Bible secrettement encloses,
Il y perdra l'esprit: car Dieu qui est caché,
Ne veut que son secret soit ainsi recherché.
   Bref nous sommes mortels, & les choses diuines
Ne se peuuent loger en noz foibles poictrines:
Et de sa prescience en vain nous deuisons.
Car il n'est pas subiect à noz sattes raisons:
,, L'entendement humain tant soit il admirable,
,, Du moindre faict de Dieu, sans grace, n'est capable.
   Cōment pourrions nous bien auecq' noz petis yeux
Connoistre clerement les mysteres des cieux!

D iiij

Quand nous ne sçauons pas regir noz Republiques,
Ny mesmes gouuerner noz choses domestiques!
Quand nous ne connoissons la moindre herbe des
  prez!
Quand nous ne voyons pas ce qui est à noz piedz!
    Toutesfois les Docteurs de ces Sectes nouuelles,
Comme si l'Esprit Sainct auoit vsé ses aisles
A s'appuyer sur eux, comme s'ils auoient eu
Du ciel dru & menu mille langues de feu,
Et comme s'ils auoient (ainsi que dit la fable
De Minos) banqueté des hauts Dieux à la table.
    Sans que hôte & vergongne en leur cœur trouue
  lieu,
Parlent profondement des misteres de Dieu,
Ilz sont ses Conseillers, ils sont ses Secretaires,
Ilz sçauent ses aduis, ilz sçauent ses affaires,
Il ont la clef du ciel, & y entrent tous seuls,
Ou qui veut y entrer il faut parler à eux.
    Les autres ne sont rien sinon que grosses bestes,
Gros chapperons fourrez, grasses & lourdes testes,
S. Ambrois, S. Hierosme, & les autres docteurs,
N'estoiët que des resueurs, des folz & des meteurs:
Auecq' eux seulement le S. Esprit se treuue,
Et du S. Euangille il ont trouué la febue.
    O pauures abusez! mille sont dans Paris,
Lesquels sont des ieunesse aux estudes nourris,
Qui de contre vne natte estudiant attachent
Melancholiquement la pituite qu'ils crachent,
Desquelz vous apprendriez en diuerses façons

AV PEVPLE DE FRANCE. 57

Encores dix bons ans mille & mille leçons.
 Il ne faut pas auoir beaucoup d'experience
Pour estre exactement docte en vostre science,
Les barbiers, les maçons en vn iour y sont clercs,
Tant voz misteres saincts sont cachez & couuers!
 Il faut tant seulement auecques hardiesse
Detester le Papat, parler contre la Messe,
Estre sobre en propos, barbe longue, & le front
De rides labouré, l'œil farouche, & profond,
Les cheueux mal peignez, vn sourcy qui s'auale,
Le maintien renfrongré, le visage tout palle,
Se montrer rarement, composer maint escrit,
Parler, de l'Eternel, du Seigneur, & de Christ,
Auoir d'vn Reistre long les espaules couuertes,
Bref estre bon brigand & ne iurer que certes.
 Il faut pour rendre aussi les peuples estonnez,
Discourir de Iacob & des predestinez,
Auoir S. Paul en bouche, & le prendre à la lettre,
Aux femmes, aux enfans l'Euangille permettre,
Les œuures mespriser, & haut louer la Foy,
Voyla tout le sçauoir de vostre belle loy.
 I'ay autresfois gousté, quand i'estois ieune d'age,
Du miel empoisonné de vostre doux breuuage,
Mais quelque bon Daimon, m'ayant ouy crier,
Auant que l'aualler me l'osta du gosier.
 Non non ie ne veux point que ceux qui doiuent
  naistre
Pour vn fol Huguenot me puissent reconnoistre:
Ie n'ayme point ces noms qui sont finis en os,

58　REMONSTRANCE
Gots, Cagots, Austregots, Visgots, & Huguenots.
Ilz me sont odieux comme peste, & ie pense
Qu'ils sont prodigieux a l'empire de France:
Vous ne pipez sinon le vulgaire innocent
Grosse masse de plomb qui ne voit ny ne sent,
Ou le ieune marchant, le bragard gentilhomme,
L'escolier debauché, la simple femme : & somme
Ceux qui sçauent vn peu, non les hommes qui sont
D'vn iugement rassis, & d'vn sçauoir profond.
　Amyot & Dânez lumieres de nostre aage,
Aux lettres consumez, en donnent tesmoignage,
Qui sans auoir tiré vostre contagion,
Sont demeurez entiers en leur religion.
　Hommes dignes d'honneur, cheres testes & rares,
Les cieux de leur faueur ne vous soiét point auares,
Viues heureusement, & en toutes saisons,
D'honneurs & de vertus soiét pleines vos maisons,
　Perisse mille fois ceste tourbe mutine
Qui folle court apres la nouuelle doctrine,
Et par opinion se laisse sottement,
Soubz ombre de pitié, gaigner l'entendement.
　O Seigneur tu deuois pour chose necessaire
Mettre l'Opinion aux tallons, & la faire
Loing du chef demeurer, & non pas l'apposer
Si pres de la raison, à fin de l'abuser:
Comme vn méchant voisin qui abuse à toute heure
Celuy qui par fortune aupres de luy demeure.
　Ce monstre estant receu en noz cerueaux apres
Va gaignant la raison laquelle habite aupres,

AV PEVPLE DE FRANCE.

Et alors toute chose en l'homme est débordée,
Quand par l'opinion la raison est guidée.
La seule opinion fait les hommes armer,
Et frere contre frere au combat animer,
Perd la religion, renuerse les grands villes,
Les couronnes des Rois, les polices ciuiles,
Et apres que le peuple est soubz elle abbatu,
Lors le vice & l'horreur surmonte la vertu.
Or cette opinion fille de fantasie
Outre-volle l'Afrique, & l'Europe, & l'Asie
Sans iamais s'arrester: car d'vn vol nompareil
Elle atteinct en vn iour la course du Soleil.
Elle a les pieds de vent, & desur les aisselles
Comme vn monstre emplumé porte de grãdes aisles
Elle a la bouche ouuerte, & cent langues dedans,
Sa poitrine est de plõb, ses yeux prompts, & ardans,
Tout son chef est de verre & a pour compagnie
La ieunesse & l'erreur, l'orgueil & la manie.
De ces tetins ce monstre vn Vuiclef aletta,
Et en despit du ciel, vn Iehan Hus enfanta,
Puis elle se logea sur le haut de la porte
De Luther son enfant, & dit en ceste sorte.
Mon fils il ne faut plus que tu laisses rouiller
Ton esprit en paresse, il te faut despouiller
Cest habit monstrueux, il faut laisser ton cloistre:
Aux Princes & aux Rois ie te feray connoistre.
Et si feray ton nom fameux de tous costez,
Et rendray dessouz toy les peuples surmontez.
Il faut oser beaucoup: la Fortune demande

60 REMONSTRANCE

Vn magnanime cœur qui ose chose grande.
   Ne vois-tu que le Pape est trop enflé de biens?
Comme il presse souz soy les Princes terriens!
Et comme son Eglise est toute deprauée
D'ambition, de gloire, & d'honneur abreuuée:
Ne vois tu ses suppots paresseux & pousis,
Decoupez, parfumez, delicats & lassis
Fauconniers & veneurs, qui occupent & tiennent
Les biens qui iustemēt aux pauures appartiennent
Sans prescher, sans prier, sans garder le troupeau,
Dont ils tirent la gresse, & dechirent la peau?
   Dieu t'appelle à ce fait: courage ie te prie:
Le monde ensorcelé de vaine piperie
Ne pourra resister: tout va de pis en pis,
Et tout est renuersé des grands iusqu'aux petis:
   La foy, la verité de la terre est banye,
Et regnent en leur lieu luxure & gloutonnie,
L'exterieur domine en tout ce monde icy,
Et de l'interieur personne n'a soucy.
   Pource ie vien du ciel pour te le faire entendre,
Il te faut maintenant en main les armes prendre:
Ie fourniray de feu, de mesche, & de fuzil:
Pour mille inuentions i'auray l'esprit subtil,
Ie marcheray deuant, & d'vn cry vray-semblable
I'amasseray pour toy le vulgaire muable,
I'iray le cœur des Roys de ma flamme attiser,
Ie feray leurs citez en deux pars diuiser
Et seray pour iamais ta fidelle compaigne.
   Tu feras grād plaisir aux Princes d'Allemaigne,

AV PEVPLE DE FRANCE. 61

Qui sont marris de vois (comme estans genereux)
Vn Euesque electeur, & dominer sur eux:
S'ils veullent qu'en leur main l'election soit mise,
Il faut rompre premier les forces de l'Eglise:
Vn moyen plus gaillard ne se trouue sinon
Que de monter en chaire, & d'auancer ton nom:
Abominer le Pape, & par mille finesses
Crier contre l'Eglise, & oster ses richesses.

 Ainsi disoit ce Monstre, & arrachant soudain
Vn serpent de son dos, le ietta dans le sein
De Luther estonné: le serpent se desrobe
Qui glissant lentement par les plis de sa robbe
Entre soubz la chemise, & coulant sans toucher
De ce moyne abusé ny la peau ny la chair,
Luy soufle viuement vne ame serpentine,
Et son venin mortel luy cache en la poitrine
L'enracinant au cœur: puis faisant vn grand bruit
D'escailles & de dens, comme vn songe s'enfuit.

 Au bruit de ce Serpët que les mons redoublerent,
Le Danube & le Rhin en leur course en treblerent,
L'Allemaigne en eut peur, & l'Espaigne en fremit:
D'vn bon somme depuis la France n'en dormit,
L'Itale s'estonna, & les bords d'Angleterre
Tressaillirent d'effroy, côme au bruit d'vne guerre.

 Lors Luther agité des fureurs du Serpent,
Son venin & sa rage en Saxone respend,
Et si bien en preschant il supplie & commande,
Qu'à la fin il se voit docteur d'vne grand' bande.

 Depuis les Allemans ne se virent en paix,

REMONSTRANCE

La mort, le sang, la guerre, & les meurtres espaix
Ont assiegé leur terré, & cent sortes de vices
Ont sans dessus dessoubz renversé leurs polices.
   De là sont procedez les maux que nous auons,
De là vient le discord soubz lequel nous viuons,
De là vient que le filz fait la guerre à son pere,
La femme à son mary, & le frere à son frere,
A l'oncle le nepueu: de là sont renversez
Les Conciles sacrez des vieux siecles passez.
   De là toute heresie au monde prist naissance,
De là vient que l'Eglise a perdu sa puissance,
De là vient que les Roys ont le Sceptre esbranlé,
De là vient que le foible est du fort violé,
De là sont procedez ces Geans qui eschellent
Le Ciel, & au combat les Dieux mesmes appellent,
De là vient que le monde est plein d'iniquité,
Remply de defiance, & d'infidelité
Ayant perdu sa reigle, & sa forme ancienne.
   Si la religion, & si la foy chrestienne
Apportent de telz fruicts, i'ayme mieux la quitter
Et bany m'en aller les Indes habiter,
Soubz le pole Antarticq où les sauuages viuent,
Et la loy de nature heureusement ensuyuent.
   Mais en bref, ô Seigneur tout puissãt & tout fort
Par ta saincte bonté tu rompras leur effort,
Tu perdras leur conseil & leur force animée
Contre ta maiesté, enuoyras en fumée:
Car tu n'es pas l'appuy ny l'amy des larrons:
Et pource soubz ton aesle a seurté nous serons.

AV PEVPLE DE FRANCE. 63

La victoire des Camps ne depend de nos armes,
Du nombre des pietons, du nombre des gendarmes,
Elle gist en ta grace, & de là haut cieux,
Tu fais ce qu'il te plaist icy victorieux.
　　Nous sçauons bien, Seigneur, que nos fautes sont
　　　grandes,
Dignes de chatiment: mas seigneur tu demandes
Pour satisfaction vn cœur premierement
Contrit, & penitent, & demis humblement.
　　Et pource Seigneur Dieu ne punis en ton ire
Ton peuple repentant qui lamente & souspire,
Qui te demande grace, & par triste mechef
Les fautes de ses Roys ne tourne sur son chef.
　　Vous Princes & vous Roys, la faute auez cōmise
Pour laquelle auiourd'huy souffre toute l'Eglise,
Bien que de vostre temps vous n'ayez pas connu
Ny senty le malheur qui nous est aduenu.
　　Vostre facilité qui vendoit les offices,
Qui donnoit aux premiers les vaquans benefices,
Qui l'Eglise de Dieu d'ignorans farcissoit,
Qui de larrons priuez les Palais remplissoit,
Est cause de ce mal: il ne faut qu'vn ieune homme
Soit euesque, ou abbé, ou cardinal de Romme:
Il faut bien le choisir auant que luy donner
Vne mitre, & pasteur des peuples l'ordonner.
　　Il faut certainement qu'il ayt le nom de prestre,
Prestre veut dire vieil: c'est à fin qu'il puisse estre
De cent mille pechez tout deliure & tout franc,
Que la ieunesse donne en la chaleur du sang.

REMONSTRANCE

Si Platon preuoyoit par les molles musiques
Le futur changement des grandes Republiques,
Et si par l'armonie il iugeoit la cité:
Voyant en nostre Eglise vne lasciuité,
On pouuoit bien iuger qu'elle seroit destruicte
Puis que ieunes Pilots luy seruoient de conduicte.
,, Tout Sceptre, & tout Empire, & toutes regions
,, Fleurissent en grandeur par les Religions,
,, Et par elle ou en paix ou en guerre nous sommes:
,, Car c'est le vray ciment qui entretient les hômes.
On ne doit en l'Eglise Euesque receuoir
S'il n'est vieil, s'il ne presche, & s'il n'est de sçauoir,
Et ne faut esleuer par faueur ny richesse
Aux offices publiqs l'inexperte ieunesse
D'vn escolier qui vient de Tholose, deuant
Que par longue pratique il deuienne sçauant.
Vous Royne en departât les dignitez plus hautes,
Des Roys voz deuanciers ne faittes pas les fautes,
Qui sans sçauoir les meurs de celuy qui plus fort
Se hastoit de picquer, & d'apporter la mort,
Donnoit le benefice, & sans sçauoir les charges
Des biens de Iesuschrist en furent par trop larges,
Lesquels au temps passé ne furent ordonnez
Des premiers fondateurs pour estre ainsi donnez.
Madame il faut chasser ces gourmandes Harpyes,
Ie dy ces importuns, dont les griffes remplyes
De cent mille morceaux, tendent tousiours la main,
Et tât plus ils sont saouls, tât plus meurent de faim,
Esponges de la court, qui succent & qui tirent,

Et plus

AV PEVPLE DE FRANCE. 65

Et plus sont pleines d'eau & tant plus en desirent,
 O vous doctes Prelats poussez du S. Esprit,
Qui estes assemblez au nom de Iesuschrist,
Et tachez sainctement par vne voye vtile
De conduire l'Eglise à l'accord d'vn Concile,
Vous mesmes les premiers Prelats reformez vous,
Et comme vrays pasteurs faittes la guerre aux
  loups,
Ostez l'ambition, la richesse excessiue,
Arrachez de vos cœurs la ieunesse lasciue,
Soyez sobres de table, & sobres de propos,
De vos tropeaux commis cherchez moy le repos,
Non le vostre, Prelats: car vostre vraye office
Est de prescher sans cesse, & de chasser le vice.
 Vos grãdeurs, vos hõneurs, vos gloires despouillez,
Soyez moy de vertus non de soye habillez,
Ayez chaste le corps, simple la conscience:
Soit de nuict soit de iour apprenez la science,
Gardez entre le peuple vne humble dignité,
Et ioignez la douceur auecq' la grauité.
 Ne vous entremeslez des affaires mondaines,
Fuyez la court des Roys & leurs faueurs soudaines,
Qui perissent plus tost qu'vn brandon allumé
Qu'on voit tantost reluire, & tantost consumé:
 Allez faire la court à vos pauures oüailles,
Faittes que vostre voix entre par leurs oreilles,
Tenez vous pres du Parc, & ne laissez entrer
Les Loups en vostre Clos faute de vous montrer.
 Si de vous reformer vous auez doncq' enuie,

E

Reformez les premiers vos biens & vostre vie,
Et alors le troupeau qui dessous vous viura,
Reformé comme vous, de bon cœur vous suiura.
　Vous Iuges des Citez qui d'vne main egalle,
Deuriez administrer la iustice royalle,
Cent & cent fois le iour mettez deuant vos yeux,
Que l'erreur qui pullule en nos Seditieux,
Est vostre seule faute: & sans vos entreprises
Que noz villes iamais n'eussent esté surprises.
　Si vous eussiez puny par le glaiue trenchant
Le Huguenot mutin, l'heretique mechant,
Le peuple fust en paix: mais vostre conniuence
En craignant a perdu cet Empire de France.
　Il faut sans auoir peur des Princes ny des Roys,
Tenir droit la balance, & ne trahir les loix
De Dieu: qui sur le fait des iustices prend garde,
Et assis aux sommets des Citez vous regarde:
Il perse vos maisons de son œil tout voyant,
Et grand iuge, connoist le iuge foruoyant
Par present alleché, ou celuy qui par crainte
Corrompt la maiesté de la iustice saincte.
　Et vous Nobles aussi, mes propos entendez
Qui faucement seduicts, vous estes desandez
Du seruice de Dieu, vueillez vous reconnoistre,
Seruez vostre pays, & le Roy vostre maistre,
Posez les armes bas: esperez vous honneur
D'auoir osté le Sceptre au Roy vostre Seigneur?
Et d'auoir derobé par armes la prouince
D'vn ieune Roy mineur, vostre naturel prince?

AV PEVPLE DE FRANCE.

Vos peres ont receu de noz Roys ses ayeux
Les honneurs & les biens qui vous font glorieux,
Et d'eux auez receu en tiltre la noblesse,
Pour auoir dessoubz eux montré vostre proüesse
Soit chassant l'Espagnol ou combatant l'Anglois,
Afin de maintenir le Sceptre des François:
Vous mesmes auiourd'huy le voulez vous destruire,
Apres que vostre sang en a fondé l'Empire?

Telle fureur n'est point aux Tygres ny aux Ours,
Qui s'entraiment l'vn l'autre, & se donnët secours,
Et pour garder leur race en armes se remuent:
Les François seulement se pillent & se tuent,
Et la terre en leur sang baignent de tous costez,
Afin que d'autre main ilz ne soyent surmontez.

La foy (ce dittes vous) nous fait prêdre les armes?
Si la religion est cause des alarmes
Des meurtres & du sang que vous versez icy,
He! qui de telle foy voudroit auoir soucy?
Si par plomb, & par feu, par glaiue, & poudre noire,
Les songes de Caluin nous voulez faire croire?
Si vous eussiez esté simples comme deuant,
Sans aller les faueurs des Princes poursuyuant,
Si vous n'eussiez parlé que d'amender l'Eglise,
Que d'oster les abus de l'auare prestrise,
Ie vous eusse suyuy, & n'eusse pas esté
Le moindre de ceux la qui vous ont escouté.

Mais voyant vos cousteaux, vos soldars, vos gen-
  darmes,
Voyant que vous plantez vostre foy par les armes,

E ij

Et que vous n'auez plus ceste simplicité
Que vous portiez au front en toute humilité,
I'ay pensé que Satan qui les hommes attise
D'ambition, estoit chef de vostre entreprise.
  L'esperance de mieux, le desir de vous voir
En dignité plus haute, & plus grands en pouuoir,
Vos, haines, vos discords, vos querelles priuées,
Sont cause que vos mains sont de sang abreuuées,
Non la religion qui sans plus ne vous sert
Que de voille soubs qui vostre fard est couuert.
  Et vous nobles aussi qui n'auez renoncée
La foy, de pere en fils qui vous est annoncée,
Soutenez vostre Roy, mettez luy derechef
Le Sceptre dans la main, & la Couronne au chef,
N'espargnez vostre sang, vos biens ny vostre vie:
„ Heureux celuy qui meurt pour garder sa patrie.
  Vous peuples qui du coutre, & de beufs accouplex,
Fendez la terre grasse, & y semez des bleds.
  Vous Marchans qui allez les vns sur la marine,
Les autres sur la terre, & de qui la poitrine
N'a humé de Luther la secte ny la foy,
Montrez vous à ce coup bons seruiteurs de Roy.
  Et vous sacré tropeau, sacrez mignōs des Muses,
Qui auez au cerueau les sciences infuses,
Qui faittes en papier luire vos noms icy,
Comme vn Soleil d'esté de rayons esclarcy:
De nostre ieune Prince escriuez la querelle
Et armez Apollon & les Muses pour elle.
  Toy Pascal qui as fait vn œuure si diuin,

AV PEVPLE DE FRANCE. 69

Ne le veux tu point mettre en euidence, à fin
Que le peuple le voye, & l'apprengne, & le life,
A l'honneur de ton Prince, & de toute l'Eglife,
Et bien tu me diras, aussi tost qu'il verront
Nos escrits imprimez, soudain il nous tueront.
Car ils ont de fureur l'ame plus animée
Que freslons en vn chesne estouffez de fumée.
  Quand à mourir Pascal, i'en suis tout resolu,
Et mourray par leurs mains si le ciel l'a voulu,
Si ne veux ie pourtant me retenir d'escrire,
D'aymer la verité, la prescher & la dire.
  Ie sçay qu'ils sont cruelz & tirans inhumains:
Nagueres le bon Dieu me sauua de leurs mains,
Apres m'auoir tiré cinq coups de harquebuse:
  Encor' il n'a voulu perdre sa pauure muse,
Ie vis encor' Pascal, & ce bien ie reçoy
Par vn miracle grand que Dieu fit dessur moy.
  Ie meurs quand ie les voy ainsi que harengeres
Ietter mille brocars de leurs langues legeres,
Et blasphemer l'honeur des Seigneurs les plus hauts,
D'vn nom iniurieux de Guisars & Papaux.
  Ie meurs quand ie les voy par troupes inconneues
Marcher aux carrefours ou au milieu des ruës,
Et dire que la France est en piteux estat,
Et que les Guisians auront bien tost le mat.
  Ie meurs quand ie les voy enflez de vanteries,
Semant de toutes pars cent mille menteries,
Et deguiser le vray par telle authorité
Que le faux controuué semble estre verité.

E iij

70   REMONSTRANCE
Puis reserrer l'espaule, & dire qu'ilz depleurent
Le malheur de la guerre, & de ceux qui y meurent,
Asseurans pour la fin que le grand Dieu des cieux
Les fera quoy qu'il tarde, icy victorieux.
 Ie suis plein de despit quand les femmes fragilles
Interpretent en vain le sens des Euangilles,
Qui deuroient mesnager & garder leur maison,
Ie meurs quãd les enfans qui n'ont point de raison
Vont disputãt de Dieu qu'on ne sçauroit comprẽdre,
Tãt s'en faut qu'vn enfant ses secrets puisse entẽdre.
 Ie suis remply d'ennuy, de dueil, & de tourment,
Voyant ce peuple icy des presches si gourmant,
Qui laisse son estau, sa boutique & charuë,
Et comme furieux par les presches se ruë
D'vn courage si chaud qu'on ne l'en peut tirer,
Voire en mille morceaux le deust on dechirer.
 Vlysse à la parfin chassa ses bandes sottes
A grãds coups de baston, de la douceur des Lottes,
Qui oublioient leur terre, & au bord estranger
Vouloient viure & mourir pour les Lottes manger:
Mais ny glaiue ny mort ne retient ceste bande
Tant elle est du sermon des ministres friande:
Bref elle veut mourir, apres auoir goutté
D'vne si dommageable & folle nouueauté.
 I'ay pitié quãd ie voy quelque hõme de boutique,
Quelque pauure artizan deuenir heretique,
Mais ie suis plein d'ennuy & de dueil quand ie voy
Vn homme bien gaillard abandonner sa foy,
Quand vn gentil esprit pipé huguenotise.

pains him to see people convert

AV PEVPLE DE FRANCE. 71

Et quand iusque à la mort ce venin le maistrise.

Voyant ceste escripture ils diront en courroux
Et quoy ce gentil sot escrit doncq' contre nous!
Il flatte les Seigneurs, il fait d'vn diable vn ange:
Auāt qu'il soit long tēps on luy rendra son change,
Comme à Villegaignon qui ne s'est bien trouué,
D'auoir ce grand Caluin au combat esprouué.

Quand à moy ie suis prest, & ne perdray courage,
Ferme comme vn rocher, le rampart d'vn riuage,
Qui se mocque des vens, & plus le flot sallé
Sape & mine son pied & moins est esbranlé.

Au moins concedez nous vos preuilleges mesmes!
Puis que vous dechirez les dignitez supremes
Des Papes, des Prelats par mots iniurieux,
Ne soyez ie vous pry desur nous enuieux,
Grondans comme Mâtins si nos plumes s'aguisent
Contre vos Predicans qui le peuple seduisent!
A la fin vous voirrez apres auoir osté
Le chaut mal qui vous tient, que ie dy verité.

Vous Princes genereux, race du sang de France,
Dont le tyge Royal, de ce Roy print naissance
Qui pour la foy Chrestienne outre la mer passa,
Et sa gloire fameuse aux Barbares laissa.

Si vous n'auiez les yeux agrauez d'vn dur somme,
Vous connoistriez biē tost que la fraude d'vn homme
Bany de son pays, l'esprit vous a pipé,
Et des liens d'honneur par tout enueloppé.

Il vous enfle le cœur d'vne vaine esperance:
De gaigner nostre Empire il vous dōne asseurance,

E iiij

Il vous promet le monde, & vous Prince tresbon
Né du sang inueincu des Seigneurs de Bourbon
L'oreille vous tendez à ces promesses vaines,
Qui se r'enflent de vent ainsi que Balles pleines:
Mais si d'vn coup de pied quelqu'vn les va creuant,
L'enflure fait vn bruit, & n'en sort que du vent.
   Puis vous qui ne sçauiez (certes dire ie l'ose)
Combien le commander est vne douce chose,
Vous voyant obey de vingt mille soldars,
Voyant floter pour vous aux champs mille estēdars,
Voyāt tāt de Seigneurs qui vous font tāt d'hōmages
Voyant de tous costez, bourgs, citez, & villages
Obeyr à vos loix, & vous nommer vainqueur,
Cela Prince tresbon, vous fait grossir le cœur.
   Ce pendant il vous font vn Roy de Tragedie,
Exerçant dessoubz vous leur malice hardie,
Et se couurant de vous, Seigneur, & de vos bras,
Ils font cent mille maux, & ne le sçauez pas.
Et ce qui plus me deult, c'est qu'encores ils disent
Que les anges de Dieu par tout les fauorisent.
   De tel arbre tel fruit, ils sont larrons brigans,
Inuenteurs, & menteurs, vanteurs, & arrogans
Superbes, soupçonneux: au reste ie ne nye,
Qu'on ne puisse trouuer en leur tourbe infinie
Quelque homme iuste & droit, qui garde biē sa foy:
Telle bonté ne vient pour croire en telle loy,
Ains pour estre bien né, car s'il fust d'auanture
Vn Turc, il garderoit ceste bonne Nature.
   Ie connois vn seigneur, las! qui les va suyuant,

AV PEVPLE DE FRANCE. 73

(Duquel iusque à la mort ie demourray seruant)
Ie sçay que le Soleil ne voit çà bas personne
Qui ayt le cœur si bon, la nature si bonne,
Plus amy de vertu, & tel ie l'ay trouué
L'ayant en mon besoing mille fois esprouué:
En larmes & souspirs, Seigneur Dieu ie te prie
De conseruer son bien, son honneur, & sa vie.

 Rien ne me fache tant que ce peuple batu,
Car bien qu'il soit tousiours par armes combatu,
Froissé, cassé, rompu, il quaquette & groumelle,
Et tousiours va semant quelque fauce nouuelle:
Tantost il a le cœur superbe & glorieux
Et dit qu'vn Escadron des Archanges des cieux
Viendra pour son secours: tantost la Germanie
Arme pour sa deffence vne grand compagnie,
Et tantost les Anglois le viennent secourir
Et ne voit ce pendant comme on le faict mourir,
Tué de tous costez: telle fieure maline
Ne se pourroit guarir par nulle medecine.

 Il veut tantost la paix, tantost ne la veut pas,
Il songe, il fantastique, il n'a point de compas,
Tantost enflé de cœur, tantost bas de courage,
Et sans preuoir le sien predit nostre dommage.

 Au reste de parolle il est fier & hautain,
Il a la bouche chaude, & bien froide la main,
Il présume de soy, mais sa folle pensée
Comme par vn destin est tousiours renuersée.

 Que diroit on de Dieu si luy benin & doux
Suyuoit vostre party, & combatoit pour vous?

Voulez vous qu'il soit Dieu des meurtriers de ses
    Papes,
De ces briseurs d'autels, de ces larrons de chapes,
Des volleurs de calice? ha! Prince ie sçay bien
Que la plus grande part des prestres ne vaut rien,
Mais l'Eglise de Dieu est saincte & veritable,
Ses misteres sacrez, & sa voix perdurable.
    Prince, si vous n'auiez vostre rang oublié,
Et si vostre œil estoit tant soit peu delié,
Vous connoistriez bien tost que les Ministres vostres
Sont (certes ie le sçay) plus meschant que les nostres:
Ils sont simples d'habits, d'honneur ambitieux,
Ils sont doux au parler, le cœur est glorieux,
Leur front est vergongneux, leurs ames eshontées:
Les vns sont Apostats, les autres sont Athées,
Les autres par sur tous veullent le premier lieu:
Les autres sont ialoux du Paradis de Dieu,
Le promettant à ceux qui leurs songes ensuiuent:
Les autres sont menteurs sophistes qui estriuent
De la parolle saincte, & en mille façons
Tourmentent l'Euangille, & en font des chansons.
    Dessillez vous les yeux, Prince tresmagnanime,
Et lors de tels gallans vous ferez peu d'estime,
Recherchez leur ieunesse, & comme ils ont vescu,
Et vous ne serez plus de telz hommes veincu.
    Prince tresmagnanime & courtois de nature,
Ne soyez offencé lisant ceste escripture,
Ie vous honore & prise, & estes le Seigneur
Auquel i'ay desiré plus de biens & d'honneur,

AV PEVPLE DE FRANCE. 75

Comme vostre subiect, ayant pris ma naissance
Où le Roy vostre frere auoit toute puissance.
    Mais l'amour du pays, & de ses loix aussi,
Et de la verité, me fait parler ainsi:
Ie veux encor parler à celuy qui exerce,
Dessous vostre grandeur la iustice peruerse,
    Quelle loy te commande ô barbare insensé,
De punir l'innocent, qui n'a point offensé?
Quel Tygre, quel Lion ne trembleroit de crainte
De condemner à mort vne innocence saincte?
    Qu'auoit commis Sapin conseillier d'équité,
Dont l'honneur, la vertu, les meurs, l'integrité,
Fleurissoient au Palais comme parmy le voile
De la nuit tenebreuse vne flambante estoille!
    Tu diras pour responce on pend mes compaignons:
De rendre la pareille icy nous enseignons.
Et peu nous soucions de tort ny de droiture,
Pourueu que nous puissions reuenger nostre iniure.
    Ha! responce d'vn Scythe, & non pas d'vn Chre-
        stien,
Lequel doit pour le mal tousiours rendre le bien,
Par mines seulement Chrestien tu te descœuures,
Ie dy Chrestien de bouche, & Scythe par les œuures.
    O bien heureux Sapin vray martyr de la foy,
Tel est au rang des Saincts qui n'est plus Sainct
        que toy,
Les œillets & les lis, comme pour couuerture,
Puissent tousiours fleurir dessus ta sepulture.
    Prince souuenez vous que vos freres sont mors

Outre le naturel, par violens effors,
Et que vostre maison meintes fois a sentie
La grande main de Dieu sus elle appesantie.
　Et pource accordez vous auecques vostre aisné
Charles à qui le ciel a permis & donné
La vertu de remettre en faueur vostre race,
Et luy faire tenir son vray rang & sa place.
　Si vous estiez icy deux moys au pres du Roy,
Vous reprendriez soudain vostre premiere Loy,
Et auriez en horreur ceste tourbe mutine,
Qui vous tient apasté de sa folle doctrine.
　Ha Prince c'est assez c'est assez guerroyé,
Vostre frere auant l'age au sepulchre enuoyé,
Les playes dont la France est soubz vous affligée,
Et les mains des larrons dont elle est saccagée,
Les loix & le pays si riche & si puissant:
Depuis douze cens ans aux armes fleurissant,
L'extreme cruauté des meutres & des flammes,
La mort des iuuenceaux, la cōplainte des femmes,
Et le cry des vieillards qui tiennent embrassez
En leurs tremblātes mains leurs enfans trespassez,
Et du peuple mangé les souspirs & les larmes,
Vous deuroyent esmouoir à mettre bas les armes:
Ou bien s'il ne vous plaist selon droit & raison
Desarmer vostre force, oyez mon oraison.
　Vous Princes conducteurs de nostre sainte armée,
Royal sang de Bourbon, de qui la renommée
Se loge dans le ciel: vous freres grands & fors,
Sacré sang Guisian, noz rampars & noz Fors,

AV PEVPLE DE FRANCE. 77

Sang qui fatallement en la Gaulle te monstres
Pour domter les mutins comme Hercule les Mon-
    stres.
  Et vous Montmorency sage Nestor François,
Fidelle sruiteur de quatre ou de cinq Rois,
Qui meritez d'auoir en memoire eternelle
Ainsi que du Guesclin vne ardante chandelle.
  Vous d'Anuille son fils sage vaillant & preux,
Vous Seigneurs qui portez vn cœur chevaleureux,
Que chacun à la mort fortement s'abandonne,
Et de ce ieune Roy redressez la couronne!
Redonnez luy le Sceptre, & d'vn bras indonté
Combatez pour la France & pour sa liberté,
Et ce pendant qu'aurez le sang & l'ame viue,
Ne souffrez qu'elle tombe en misere captiue.
  Soutenez-vous Seigneurs que vous estes enfans
De ces peres iadis aux guerres triomphans.
Qui pour garder la foy de la terre Françoise
Perdirent l'Albigeoise & la secte Vaudoise.
  Contemplez moy vos mains, vos muscles, & vos
    bras:
Pareilles mains auoyent vos peres aux combats,
Imitez vos ayeux afin que la noblesse
Vous anime le cœur de pareille proësse.
  Vous Guerriers asseurez, vous Pietons, vous
    Soldars,
De Bellonne conceus, ieune race de Mars,
Dont les fraiches vertus par la Gaulle fleurissent:
N'ayez peur que les bois leurs fueilles convertissent

En huguenots armez, ou comme les Titans,
Ils naissent de la terre en armes combatans.
　Ne craignez point aussi les troupes d'Allemaigne,
Ny ces Reistres mutins qu'vn Fraçois accompaigne,
Ils ne sont point conceus d'vn fer ny d'vn rocher,
Leur cœur se peut naurer, penetrable est leur chair,
Ils n'ont non plus que vous ny de mains ny de iābes,
Leurs glaiues ne sont point acerez dans les flambes
Des eaux de Phlegeton, ils sont subiects aux coups
Des femmes engendrez, & mortels comme nous.
　Ne craignez point aussi vous bandes martialles,
Les corps effeminez des Ministres si palles,
Qui font si triste mine, & qui tournent aux cieux
En faisant leur sermons, la prunelle des yeux.
　Mais ayez forte pique, & dure & forte espée,
Bon iacque bien cloüé, bonne armure trempée,
La bonne targue au bras, au corps bons corcelets,
Bonne poudre, bon plomb, bon feu, bons pistollets,
Bon morion en teste, & sur tout vne face
Qui du premier regard vostre ennemy déface.
　Vous ne combatez pas (soldars) comme autrefois
Pour borner plus auant l'Empire de vos Roys,
C'est pour l'honneur de Dieu, & sa querelle saincte,
Qu'auiourd'huy vous portez l'espée au costé ceinte.
　Ie dy pour ce grand Dieu qui bastit tout de rien,
Qui iadis affligea le peuple Ægyptien,
Et nourrist Israël la troupe merueilleuse
Quarante ans aux deserts de Manne sauoureuse,
Qui d'vn rocher sans eau les eaux fit ondoyer,

AV PEVPLE DE FRANCE.   79
Fit de nuict la colonne ardante flamboyer
Pour guider ses enfans par mons & par vallées,
Qui noya Pharaon soubs les ondes salées.
Qui fit passer son peuple (ainsi que par bateaux)
Sans danger, à pied sec par le profond des eaux.
　Pour ce grãd Dieu, soldars, les armes auez prises
Qui favorisera vous & vos entreprises,
Comme il fit Iosué, par le peuple estranger:
» Car Dieu ne laisse point ses amys au danger.
Dieu tout grand & tout bon qui habites les nuës,
Et qui connois l'auteur des guerres aduenuës,
Dieu qui regarde tout, qui vois tout & entends:
Donne ie te supply que l'herbe du Printemps
Si tost parmy les champs nouuelle ne fleurisse,
Que l'auteur de ces maux au combat ne perisse.
Ayant le corcelet d'outre en outre enfoncé
D'vne picque ou d'vn plomb fatalement poussé.
　Donne que de son sang il enyure la terre,
Et que ses compaignons au millieu de la guerre
Renuersez à ses pieds, haletans & ardans
Mordent desur le champ la poudre entre leurs dens
Estendus l'vn sur l'autre, & que la multitude
Qui s'assure en ton nom, franche de seruitude,
De fleurs bien couronnée, à haute voix, Seigneur
Tout à l'entour des morts celebre ton honneur,
Et d'vn cantique sainct chante de race en race.
Aux peuples auenir tes vertus & ta grace.

EPISTRE.

Cinq semaines apres la mort de feu Monseigneur le Duc de Guise, me furét enuoyez de la part d'vn mien amy troys petis liures, lesquels à ce que ie puys entendre, auoient esté secrettemét cōposez deux moys au parauant par quelques ministreaux ou secretaires de semblable humeur, & depuis decouuers, publiez, & imprimez à Orleans contre moy, ausquels, comme par contrainte, i'ay respondu en ce present liure. Attestant Dieu & les hômes, que iamais ie n'eu desir ny volonté d'offenser personne de quelque qualité qu'elle soit, si de fortune il ne m'est aduenu d'escrire choses, lesquelles n'estoient inconneues seulemét aux petiz enfans, tāt s'en faut qu'elles le fussent des historiographes de nostre temps qui sans passion ont deliberé rendre de point en point fidelle tesmoignage de nos guerres ciuilles, à la posterité. Bien est vray que mon principal but, & vraye intention, a tousiours esté de taxer & blasmer ceux, qui soubs ombre de l'Euangille (comme les hômes non passionnez pourront
facile-

facillement connoiftre par mes œuures) ont commis des actes tels, que les Scythes n'oferoient ny ne voudroient tant feulemēt auoir penfé. Donq', quicōque fois Predicant, ou autre, qui m'as voulu malheureufement calomnier, ie te fupplye de prendre en grè cette refponfe, t'affeurant que fi i'auois meilleure connoiffance de toy, que tu n'en ferois quitte à fi bon marché, & au lieu de quinze ou feze cens vers que ie t'enuoye pour rechaufer ta colere ie ferois de ta vie vne Iliade toute entiere, Car ie me trompe, ou ton froq ietté aux orties, ou quelque memorable impofture, ou autre chofe de pareille farine, me fourniroient argumēs affez fuffifans pour t'imprimer fur le front vne marque qu'aifement tu ne pourrois effacer. Ie ne fais point de doute que ta malice ne fe foit maintefois efforcée de vouloir fous couleur de belles parolles irriter les Princes & Seigneurs contre moy, interpretant fauffement mes efcris : Voyre iufques à faire courir vn bruit par cette ville, que leur grandeur me braffoit ie ne fcay quoy de mauuaife digeftiō : Quand à moy ie les eftime Princes & Seigneurs fi magnanimes & genereux, que ie n'en croy rien, m'affeurant qu'ils ne voudroient eftre Miniftres de la mechante volonté d'vn fi petit galland que toy, auffi auroient ils bien peu de louange d'offenfer vn

F

gentilhõme de bõne race & de bõne part, cõme ie suis, conneu & tenu pour hõme de bien (si ce n'est de toy ou de tes semblables) par toute la France, sans premierement sçauoir de sa propre bouche ses raisons & la verité: Et pour ce Predicāt mon amy, ie te cõseille de laisser desormais en repos tels Seigneurs, dõt les grãdeurs, intentiõs, & entreprises, ne depēdēt de la q̃relle de mes escris ny des tiēs, sans prouoquer d'auātage leur courroux cõtre moy, qui leur suis, plus que tu n'es, tres humble & tresobeissant seruiteur. Or cõme ie ne suis pas si mal accõpagné de iugement & de raison que ie m'estime de leur calibre, aussi faut il que tu penses Predicāt, que ie ne suis riē moins que toy, quel que tu sois. Le camp est ouuert, les lices sont dressées, les armes d'ecre & de papier sont faciles à trouuer: tu n'auras poīt faute de passetēps. Mais à la verité ie voudrois q̃ pour esprouuer mes forces, tu m'eusses presenté vn plus rude chāpion. Car i'ay le courage tel que i'ayme presque mieux quitter les armes que cõbatre cõtre vn moindre, dont la victoire ne me sçauroit aporter ny plaisir ny hõneur. Suppliant derechef celuy qui se sentīra si gaillard que d'entrer en la barriere cõtre moy, ne vouloir trouuer estrāge si tout ainsi qu'en pleine liberté il tonne des mots iniurieux contre le Pape, les Prelats, & toute l'ancienne constitution de l'Eglife, ie puiſſe auſsi de mon coſté parler libremēt cōtre ſa doctrine, Cenes, Preſches, Mariages, predeſtinatiōs fantaſtiques & ſonges mōſtrueux de Caluin, qu'vn tas de predicantereaux (ou ſollicitez par leurs femmes, ou eſpoinçōnez de ſaſ, ou curieux de remuer menage) ont recuilly à Genéue pour venir apres enſorceller la ieuneſſe de Frāce (& ce qui eſt encore plus dommageable) vne bōne partie de nos hōmes, qui faiſoiēt mōtre ſur tous les autres d'auoir le cerueau mieux fait, plus ruſés aux affaires, & moins ſtudieux de toute pernicieuſe nouueauté. Or pour abreger, Predicant, vn Turc, vn Arabe me permetroit facilement cette licence, & me donneroit auecques toute modeſtie congé de luy reſpondre. Toy doncques qui te vantes eſtre Chreſtien reformé, à meilleure raiſon accorderas ma requeſte, afin que ta cauſe & la mienne ſoit connuë de tous, & que l'honneur ſoit rendu à celuy de nous deux qui l'aura le mieux merité. A Dieu Predicant mon amy.

Des diuers effects de quatre choſes qui ſon entre Zamariel Predicant, & Miniſtre de Genéue.

Ton erreur ta fureur, ton orgueil, & ton fard,
Qui t'eſgare, & t'incenſe, & t'enfle, & te deguiſe,
(Deuoyé, fol, ſuperbe, & feinct contre l'Egliſe)
Te rend confus, felon, arrogant, & cafard.

F ij

RESPONCE DE P.

DE RONSARD GENTIL-
homme Vandomois, aux iniu-
res & calomnies, de ie ne
sçay quels Predicans,
& Ministres de
Genéue.

Miserable moqueur (que la crein-
te suiuoit
Hotesse de ton cœur quand ce
grand Duc viuoit,
Et maintenāt enflé par la mort
d'vn tel homme)
Tu mesdis de mon nom que la France renomme,
Abbayant ma vertu, & faisant du bragard
Pour te mettre en honneur tu te pren: à Ronsad.
  Ainsi trop sottement la puissance liquide
De ce fleuue escorné combatit contre Alcide.
  Ton cœur, bien qu'arrogāt, de peur debüoit faillir
Au bruit de mon renom, me voulant assaillir,
Laborieux Athlete, & poudreux d'exercice
Qui ne tremble iamais pour vn petit nouice.
Tes escris sont tesmoins que tu m'as derobé,

RESPONCE

Et du faix du larcin ton dos est tout courbé,
Tu en rougis de honte, & en ta conscience
Pere tu me connois d'vne telle science.
 Et si quelque bonté se loge dans ton cœur,
Tu sens d'vne Furie vne lente rigueur,
Vn vengeur aiguillon, qui de dueil t'espoinçonne
D'auoir osé blasmer vne telle personne.
Sachant bien que tu mens, & que ie ne suis point
Des vices entaché dont ta rage me point.
 Or ie te laisse en paix, car ie ne veux descendre
En propos contre toy, ny moins les armes prendre:
Tu es foible pour moy, si ie veux escrimer
Du baston qui me fait par l'Europe estimer.
Mais si ce grand guerrier & grand soldat de Baize
Se presente au combat, mon cœur saultera d'aize,
D'vn si fort ennemy ie seray glorieux,
Et Dieu sçait qui des deux sera victorieux:
Hardy ie planteray mes pas dessus l'arene,
Ie roidiray les bras souflant à grosse halene,
Et pressant, & tournant, suant & haletant,
Du matin, iusque au soir ie l'iray combatant,
Sans deslier des mains ny Cestes ny courayes
Que tous deux ne soyons enyurez de nos playes.
 I'ay dequoy me deffendre & dequoy l'irriter
S'il luy plaist sur l'arene en armes se planter.
Ie sçay que peut la langue & Latine & Gregeoise,
Ie suis maistre ioueur de la Muse Françoise:
Vienne quand il voudra, il me verra sans peur
Dur comme vn fer tranchant qui s'affine au labeur.

      F iij

86　RESPONCE A

Vif, ardant, & gaillard, sans trēbler soubs l'audace
D'vn venteur qui par autre au combat me menace.
　C'est luy seul, que ie veux aux champs escarmou-
　　cher,
Ie luy seray le Tan qui le fera moucher,
Furieux, incensé comme par la prairie
On voit vn grand Taureau agité de furie,
Qui court & par rocher, par bois & par estang
Quand le Tan importun luy tourmente le flanc.
　Qui a point veu trembler es vieilles Tragedies
Vn Oreste estonné de l'horreur des Furies,
Qui du meurdre commis ia desia se repent?
Qui deuant meint flambeau, meint foet & meint
　　Serpent
Et meint crin couleūreux, s'enfuit parmy la Scene,
Portant dessus le front le remors de sa peine?
Tel tel ie le rendray par mes vers, furieux,
Et luy seray tousiours vn fantaume à ses yeux.
　Mais certes contre toy i'ay perdu le courage,
Qui as rapetassé de mes vers ton ouurage,
Ie m'assaudrois moy mesme, & ton larcin a faict
Que ie suis demeuré content & satisfaict.
　Toutesfois breuement il me plaist de respondre
A quelqu'vn de tes points faciles à confondre,
Et si tu as souci d'ouir la verité!
Ie iure du grand Dieu l'immense Deité,
Que ie te diray vray, sans fard ny sans iniure,
Car d'estre iniurieux ce n'est pas ma nature:
Ie te laisse ce droit, duquel tu as vescu,

QVELQVE MINISTRE 87

Et veux quand à ce point de toy estre veincu.
  Or sus, mon frere en Christ, tu dis que ie suis Prestre,
I'ateste l'Eternel que ie le voudrois estre,
Et auoir tout le chef & le dos empesché
Desoubs la pesanteur d'vne bonne Euesché:
Lors i'aurois la couronne à bon droit sur la teste,
Qu'vn rasoer blanchiroit le iour d'vne grand feste,
Ouuerte, grande, longue & large, iusque au front
En forme d'vn croissant qui tout se courbe en rond.
  Iadis ce grand Eumolpe, & ce grand Prince Orphée,
Qui auoient d'Apollon l'ame toute echaufée,
Qui l'antique Magie aporterent aux Grecs,
Qui des flambeaux du ciel conneurent les secrets,
Qui lisoient dans le cœur des bestes les presages,
Qui des oyseaux Deuins pratiquoyent les langages,
Qui faisoient apres eux soubs l'accord de leurs voix
Bondir comme cheüreaux les rochers & les bois,
Qui du vouloir de Dieu estoient les interpretes
Furent prestres sacrés, pontifes, & prophettes.
  Les Roys de ce pays que le debord du Nil
D'vn limon bien-heureux rend pregnant & fertil.
Estoient prestres mitrés, & ceux que l'Assyrie
Tenoient obeissante à leur grand'seigneurie,
Ie voudrois l'estre ainsi: i'aurois le pas posé,
Les doigs escarboucles, le menton bien razé,
La chappe à haut collet, & vray messire Pierre
I'yrois signant le ciel, les ondes & la terre.

F iiij

RESPONCE A

Ie n'irois pas chanter sur la tombe des morts
Prenant le manche en main d'vn Asperges retors
De sauge ou de cypres: ce seroient mes vicaires:
Ie ferois tous les iours les sermons ordinaires,
Ie dirois la grand messe, & le temple voté
Mugissant rediroit mon chant regringoté.
    Ie serois reueré, ie tiendrois bonne table,
Non viuant comme toy, Ministre miserable,
Pauure sot Predicant, à qui l'ambition
Dresse au cœur vne rouë, & te fait Ixion,
Te fait dedans les eaux vn alteré Tantale,
Te fait souffrir la peine à ce volleur egalle,
Qui remonte & repousse aux enfers vn rocher
Dont tu pris ta naissance, & qui voudroit chercher
Dedans ton estomach, qui d'vn rocher aproche,
En lieu d'vn cœur humain, on voirroit vne roche:
Tu es bien malheureux d'iniurier celuy
Qui ne te fit iamais outrage ny ennuy.
    Mais a fin qu'on connoisse au vray qu'en tes escolles
Il n'y a que brocars, qu'iniures, & parolles,
Que nulle charité ta doctrine ne sent:
Disciple de Satan tu blasmes l'innocent.
    Laisse respondre ceux que ie touche en mon liure,
Ils ont l'esprit gaillard, ils me sauront poursuiure
De couplet à couplet, tu leur fais deshonneur
D'estre dessus leur gloire ainsi entrepreneur.
    Tu fais du bon valet: ou l'esprit fantastique
De mes Daimons à pris ton cerueau lunatique,

QVELQVE MINISTRE. 89

Qui te rend Lou-garou (car à ce que ie voy
Tu as veu les Espris encores mieux que moy:)
Ou bien en relechant ma brusque poësie
La Panique fureur ta ceruelle a saisie.

 Si tu veux confesser que Lou-garou tu sois
Poëte melancoliq' des tombeaux & des croix,
Pour te donner plaisir vrayement ie te confesse
Que ie suis Prestre ras, que i'ay dict la grand messe,
Mais deuant que parler, il faut exorciser
Ton Daimon qui te fait mes Daimons despriser.

 Fuyés peuples fuyés que personne n'aproche,
Situués vous en l'Eglise, allés sonner la cloche
A son dru & menu: faittes flamber du feu,
Faittes vn cerne en rond, murmurés peu à peu
Quelque saincte oraison, & mettés en la bouche
Sept ou neuf grains de sel, de peur qu'il ne vous tou-
 che.

 Voy-le ci ie le voy: escumant, & bauant,
Il se roulle en arriere, il se roulle en auant,
Afreux, hideux, bourbeux: vne epesse fumée
Ondoye de sa gorge en flammes alumée:
Il a le diable au corps: ses yeux caués dedans
Sans prunelle & sans blanc, reluisent comme Ar-
 dens
Qui par les nuicts d'hyuer errent desur les ondes,
Abreuant dans les eaux leurs flames vagabondes:
Il a le museau tors, & le dos herissé,
Ainsi qu'vn gros mastin des dogues pelissé.

 Fuyés peuples fuyés: non attendés la beste,

Aportés ceste estolle, il faut prendre sa teste,
Et luy serrer le col, il faut semer espais
Sur luy de l'eau beneiste auecq' vn aspergés,
Il faut faire des croix en long sur son échine.
   Ie tiens le Monstre pris, voyés comme il chemine
Sur les pieds de derriere, & comme il ne veut pas
Rebellant à l'estolle, acompaigner mes pas:
Sus sus Prestres frappez desur la beste prise,
Que par force on le traine aux degrés de l'Eglise,
Ainsi le gros mastin des enfers fut trainé
Quand il sentit son col par Alcide enchainé,
Mais si tost que du iour aperceut la lumiere,
Beant, il s'acula dedans vne poussiere,
Et là tournant, virant son corps par les sablons,
Tantost alloit auant, tantost à reculons.
Puis poussif se faisant trainer à toute force
Auoit en mille neuds toute la chaine entorce,
Tirant le col arriere: Hercule qui se mit
En courroux estrangla le mastin qui vomit
Du gosier suffoqué vne baue escumeuse
Dont naquit l'Aconit herbe tresuenimeuse.
   Ainsi ce Lou-garou son venin vomira
Quand de son estomach le diable s'enfuira.
Ha Dieu qu'il est vilain! il rend desia sa gorge
Large comme vn soufflet, le poumon d'vne forge,
Qu'vn boyteux marechal anime quant il faut
Fraper à tour de bras sur l'enclume vn fer chaud.
   Voyés combien d'humeurs differentes luy sortent
Qui de son naturel les qualités raportent!

QVELQVE MINISTRE. 91

La rouge que voyla, le fit presumptueux,
Cette verte le fit mutin tumultueux,
Et ceste humeur noirastre & triste de nature,
Est celle qui pipoit les hommes d'imposture,
La rousse que voyla le faisoit impudent,
Boufon, iniurieux, brocardeur, & mordant,
Et l'autre que voycy visqueuse, espaisse, & noire,
Le rendoit par sur tous superbe au consistoire.
Ie me fache de voir ce meschant animal
Vomir tant de venins: tout le cœur m'en fait mal.
 Faites venir quelque homme expert en medecine
Pour l'abreuer du iust d'vne forte racine:
Si son mal doit garir, l'Helebore sans plus
Garira son cerueau lunatique & perclus.
 Ie pense à voir son frõt qu'il n'a point de ceruelle,
Ie m'en vois luy sonder le nez d'vne esprouuelle.
Certes il n'en a point, le fer est bien auant,
Et en lieu de cerueau son chef est plein de vent.
Helas i'en ay pitié si faut il qu'on le traitte:
Il faut que chez Thony il face vne diette,
Ou biẽ que le Greffier, cõme vne Astolphe, en bref
Luy souffle d'vn cornet le sens dedans le chef.
 S'il veut que la santé pour iamais luy reuienne,
Il faut que par neuf iours seulement il s'abstienne
(Non pas de manger chair ne de boire du vin)
Mais de lire & de croire aux œuures de Caluin,
Abiurer son erreur fauce & pernicieuse,
Ne trainer plus au corps vne ame iniurieuse,
Ne tourmenter plus Dieu d'opinions, & lors

RESPONCE A

Sa premiere santé luy rent'ra dans le corps.
   Or sus changeon propos & parlon d'autre chose,
Tu dis qu'vne sourdesse a mon oreille close,
Tu te mocques de moy & me viens blasonner
Par vn pauure accident que Dieu me veut donner.
   Nouuel Euangeliste, incensé, plein d'outrage!
Vray enfant de Sathan, dy moy en quel passage
Tu trouues qu'vn Chrestien (s'il n'est bien enragé)
Se doyue comme toy moquer d'vn affligé?
Ta langue montre bien aux brocards qu'elle ruë,
Que tu portes au corps vne ame bien tortuë!
Quoy? est ce le profit & le fruit que tu fais
En preschant l'Euangille, ou tu ne creuz iamais?
Que tu te mocques bien de l'escripture sainte
Ayant le cœur mechant, & la parolle feinte!
Quoy? moquer l'affligé sans t'auoir irrité
Est-ce pas estre Athée & plain d'impieté?
Les Lyons Africans, les Tygres d'Hyrcanie
Ne couuent dans le cœur si grande felonnie:
Apren icy de moy que Dieu te punira,
Et comme tu te ris de toy fol se rira:
Tu peux bien en mentant tromper nous pauures
    hommes
Qui grossiers de nature & imbecilles sommes,
Mais tu ne trompes Dieu, qui voit d'vn œil pro-
    fond
Ton cœur & tes pensers & sçait bien quels ils sont.
   On dit qu'à-haut du ciel au deuant de la porte
Il y a deux tonneaux de differente sorte:

QVELQVE MINISTRE.

L'vn est plein de tous biens, l'autre est plein de tous
    maux,
Que Dieu respant çà bas sur tous les animaux:
Il nous donne le mal auecques la main dextre,
Et le bien chichement auecques la senestre,
Si faut il prendre à gré ce qui vient de sa part,
Car sans nostre congé ses dons il nous depart.
    Les poëtes premiers, dont la gloire conneuë
A défié les ans, auoient mauuaise veuë,
Thamire, Tiresie, Homere, & cestuy-la
Qui au prix de ses yeux contre Helene parla:
Et ceux de nostre temps à qui la Muse insigne
Aspire, vont portant la sourdesse pour signe,
Tesmoing est du Bellay qui comme moy fut sourd
Dont l'honneur merité par tout le monde court.
    Vrayment quand tu estois à Paris l'autre année
Descharné, deshalé, la couleur bazanée,
Et pasle tout ainsi qu'vn Croissant enchanté,
J'eu pitié de te voir en ce point tourmenté,
Et sans iniurier la misere commune,
J'auois compassion de ta pauure fortune.
Or à ce qu'on disoit ce mal tu auois pris
Trauaillant au mestier de la belle Cypris,
Toutesfois contemplant ta taille longue & droitte,
Ta main blanche & polye, & ta personne adroitte,
Te connoissant gaillard, honeste, gratieux,
Et faire sagement l'amour en diuers lieux,
(Tu sçais si ie dy vray) ie fis à Dieu priere
De te faire iouir de ta santé premiere:

Car te voyant ainsi, i'auois pitié de toy,
Tant s'en faut que l'Enuie entrast iamais chés moy.
　Tu m'accuses Cafard d'auoir eu la verolle,
Vn chaste Predicant de fait & de parolle
Ne deburoit iamais dire vn propos si vilain.
Mais que sort il du sac? cela dont il est plain.
　Au moins fay moy citer pour ouir mes deffences:
Peut estre ie diray des mots que tu ne penses:
Ie t'apprendray comment tu te pourras guerir
Du mauuais reliqua lequel te fait mourir,
Et courtois enuers toy, ie te resoudray toute
L'humeur qui entretient tes nodus & ta goutte.
Voy tu ma charité qui te vient à propos?
Vrayemēt tu me fais tort, sans tes meschans propos
Ie m'allois marier, mais ores nulle femme
Ne me veut espouser: tant de force à ton blasme.
　Tu dis que ie suis vieil, encore n'ai-ie ateint
Trente & sept ans passez, & mon corps ne se plaint
D'ans ny de maladie, & en toutes les sortes
Mes nerfs sont bien tēdus & mes venes biē fortes:
Et si i'ay le teint palle & le cheueil grison,
Mes membres toutesfois ne sont hors de saison.
　Or cela n'est que ieu dont ie ne fais que rire
Et voudrois que ce sust le plus de ton medire.
　Mais pourquoy semes tu si faucement de moy
Que ie suis vn Athée, infidelle & sans loy?
Si tu es si ardent, & si bruslé d'enuie
D'informer de mes meurs, de mon fait, de ma vie,
Ie ne suis inconneu: tu pourras aisément

QVELQVE MINISTRE 95

Sçauoir quel i'ay vescu des le commencement.
   I'ay suyui les grands Roys, i'ay suyui les grands
      Princes,
I'ay pratiqué les meurs des estranges prouinces,
I'ay long temps escolier en Paris habité,
Là, tu pourras sçauoir de moy la verité:
Lors tu pourras iuger sans plus me faire iniure
Par la seule raison, non par la coniecture.
   Ne conclus plus ainsi: Ronsard est bien apris,
Il a veu l'Euangile, il a veu nos escris,
Et n'est pas Huguenot: il est doncques Athée.
Telle conclusion est faucement getée:
Car tous les bons espris n'ensuiuent point tes pas,
Et toutesfois sans Dieu viuans ils ne sont pas:
Telle iniure redonde aux plus grands de l'Europe
Dont à peine de mille vn s'enrowle en ta trope.
   Lequel est plus Athée ou de moy ou de toy,
De moy qui ay vescu tosiours tranquille & coy
En la loy du pays, en l'humble obeissance
Des Roys des Magistrats qui ont sur moy puissance,
Qui sans m'ensorceler d'vne nouuelle erreur
N'ay mis par mes sermons les peuples en fureur?
   Ou toy qui en ouurant le grand cheual de Troye,
As mis tout ce Royaume aux estrangers en proye?
As fait que le voisin à tué son voisin,
Le pere son enfant, le cousin son cousin?
   Qui rends Dieu Partial selon ta fantasie,
Qui es melancholique & plein de frenaise,
Qui fais de l'habille homme, & qui aux innocens

Interpretes malin, l'Euangile à ton sens?
Qui as comme vn brigant la Iustice oppressée
Et sans dessus-dessoubs la France renuersée?

 Ainsi qu'on voit la mer quand l'Auton d'vn costé
Luitte contre Aquilon au gosier indonté,
Tous deux à contre fil horriblant leur haleine
Du fond iusques au haut bouleuersent l'arene:
Vn flot roulle deçà, l'autre roullé delà,
L'autre suit, l'autre pousse, & du branle qu'il a
Fait marcher son voisin: à la fin pleins de rage
Cassez & renuersez se rompent au riuage.
L'escume sur le dos des ondes se rouänt
Tournant, pirouettant au vent se va iouänt,
Contre les grands rochers vne tempeste aboye,
Meint tortu tourbillon qui sur le bort tournoye
Comme vne Pyramide, esleue dans les cieux
Le sablon qui le iour derobe de nos yeux.

 Ainsi la France helas de tout malheur comblée
Par tes opinions erroit toute troublée,
Ia preste à se noyer: & sans l'Astre iumeau
De la Royne & du Prince, elle fust au tombeau.

 Mais la paix que la Royne heureusemēt a faitte
L'a remise en vigueur, & sa force a refaitte
Comme vne douce pluye en sa vertu remet
La fleur espanouye, à que ia le sommet
Pendoit flaistry du chaut, quand l'herbe fanissante
Sent du Soleil d'esté l'ardeur la plus cuisante.

 Ie ne suis ny rocher, ny Tygre, ny Serpent

Mon

QVELQVE MINISTRE. 97

Mon regard contre-bas brutalement ne pend,
I'ay le chef esleué pour voir & pour connoistre,
De ce grand vniuers le Seigneur & le Maistre:
Car en voyant du ciel l'ordre qui point ne faut,
I'ay le cœur asseuré qu'vn Moteur est là haut
Qui tout sage & tout bon gouuerne cet empire,
Comme vn Pilote en mer gouuerne son nauire:
Et que ce grand Palais si largement vosté
De son diuin ouurier ensuit la volonté.

 Or ce Dieu tout-puißãt plein d'Eternelle essence,
Tout remply de vertu, de bonté, de puissance
D'immense maiesté, qui voit tout, qui sçait tout,
Sans nul commencement, sans milieu, ne sans bout,
Dont la Diuinité tresroyalle & supresme
N'a besoin d'autre bien, sinon de son bien mesme,
Se commençant par elle & finissant en soy:

 Bref ce Prince eternel, ce Seigneur & ce Roy
Qui des peuples le pere & le pasteur se nomme:
Ayant compassion des miseres de l'homme,
Et desirant qu'il fust du peché triomphant,
En ce monde enuoya son cher vnique Enfant
Eternel comme luy, & de la mesme essence,
Ayant du pere sien la gloire & la puissance.

 Or ce fils bien aymé qu'on nomme Iesuschrist
(Au ventre virginal conceu du sainct Esprit)
Vestit sa deité d'vne nature humaine,
Et sans peché porta de noz pechez la peine:
Publiquement au peuple en ce monde prescha,
De son pere l'honneur, non le sien il chercha,

        G

Et sans conduire aux champs ny soldats ny armées,
Fit germer l'Euangille ès terres Idumées.
Il fut accompagné de douze seulement,
Mal nourry, mal vestu, sans biens aucunement,
(Bien que tout fust à luy de l'vn à l'autre Pole)
Il fut tresadmirable en œuure & en parolle,
Aux morts il fit reuoir la clarté de noz cieux.
Rendit l'oreille aux sourds, aux aueugles les yeux,
Il soula de cinq pains les troupes vagabondes,
Il arresta les vents, il marcha sur les ondes,
Et de son corps diuin, mortellement vestu,
Les miracles sortoient, tesmoings de sa vertu.
 Le peuple qui auoit la ceruelle endurcie,
Le fit mourir en croix, suiuant la prophetie,
Il fut mis au tombeau, puis il ressuscita,
Puis porté dans le ciel à la dextre monta
De son pere là haut, & n'en doit point descendre,
Visible, que ce monde il ne consume en cendre.
 Quãd vainqueur de la mort dans le ciel se haussa
Pour gouuerner les siens, vne Eglise laissa,
A qui donna pouuoir de lyer & dissoudre,
D'accuser, de iuger, de damner & d'absoudre,
Promettant que tousiours auecque elle seroit,
Et comme son espoux ne la delaisseroit.
 Cette Eglise premiere en Iesuchrist fondée
Pleine du Sainct Esprit, s'apparut en Iudée:
Puis Sainct Paul le vaisseau de grace & de sçauoir
La fit ardentement en Grece receuoir:
Puis elle vint à Rome, & de là fut portée

QVELQVE MINISTRE. 99

Bien loin aux quatre parts de la terre habitée.
 Cette Eglise nous est par la tradition
De pere en fils laissée en toute nation
Pour bonne & legitime, & venant des Apostres
Seule la confessons sans en receuoir d'autres.
 Elle pleine de grace & de l'esprit de Dieu,
Choisit quatre tesmoings Sainct Iehan, Luc, Marc, Mathieu,
Secretaires de Christ, & pour les faire croire
Aux peuples baptisez approuua leur histoire.
Si tost qu'elle eut rangé les villes & les Rois,
Pour maintenir le peuple elle ordonna des loys,
Et à fin de coller les Prouinces vnies
Comme vn cyment bien fort fit des ceremonies,
Sans lesquelles long temps en toute region
Ne se pourroit garder nulle religion.
 Certes il faut penser que ceux du premier age,
Plus que ceux d'auiourd'huy auoiët le cerueau sage
Et que par ignorance ils n'ont iamais failly,
Car leur siecle n'estoit d'ignorance assailly.
 Or cette Eglise fut dés long temps figurée
Par l'Arche qui flottoit desur l'onde azurée,
Quand Dieu ne pardonnoit qu'aux hommes qui estoient
Entrez au fond d'icelle, & dans elle habitoient.
Le reste fut la proye & le iouet de l'onde
Que le ciel desborda pour se vanger du monde.
 Aussi l'homme ne peut en terre estre sauué,
S'il n'est dedans le sein de l'Eglise trouué.

       G iij

100 RESPONCE A

Si-comme vn citoyen n'habite dedans elle,
Ou s'il cherche autre-part autre maison nouuelle.
 Il est vray que le temps qui tout change & de-
struit,
A mille & mille abus en l'Eglise introduit,
Enfantez d'ignorace, & couuez sous la targe
Des Prelats ocieux, qui en auoient la charge.
 Ie sçay que noz pasteurs ont desiré la peau
Plus qu'ils n'ont la santé, de leur pauure troupeau:
Ie sçay que des Abbez la cuisine trop riche,
A laissé du Seigneur tomber la vigne en friche:
Ie voy bien que l'yuraye estouffe le bon blé,
Et si n'ay pas l'esprit si gros ne si troublé
Que ie ne sente bien que l'Eglise premiere
Par le temps a perdu beaucoup de sa lumiere.
 Tant s'en-faut que ie vueille aux abus demeurer,
Que ie me veux du tout des abus separer,
Des abus que ie hay, que i'abhorre & mesprise:
Ie ne me veux pourtant separer de l'Eglise,
Ny ne feray iamais: plus-tost par mille efforts
Ie voudrois endurer l'horreur de mille mors.
 Comme vn bon Laboureur qui par sa diligence
Separe les chardons de la bonne semence,
Ainsi qui voudra bien l'Euangille auancer
Il faut chasser l'abus & l'Eglise embrasser,
Et ne s'en separer, mais fermement la suiure,
Et dedans son giron tousiours mourir & viure.
Donc si ie suis Athée en suiuant ceste loy,
La faute est à mon pere, & le blasme est à moy!

QVEQVE MINISTRE. 101

Tu dis en vomissant desur moy ta malice
Que i'ay fait d'vn grand bouc à Bachus sacrifice,
Tu mens impudemment, cinquante gens de bien
Qui estoient au banquet diront qu'il n'en est rien.
 Muses qui habitez de Parnasse la croppe,
Filles de Iupiter, qui allez neuf en trope.
Venez, & repoussez par voz belles chansons,
L'iniure faitte à vous & à voz nourrissons.
 Iodelle ayant gaigné par vne voix hardie
L'honneur que l'homme Grec donne à la Tragedie,
Pour auoir en haussant le bas stille François,
Contenté doctement les oreilles des Roys.
La brigade qui lors au ciel leuoit la teste
(Quand le temps permettoit vne licence honeste)
Honorant son esprit gaillard & bien appris,
Luy fit present d'vn bouc, des Tragiques le pris.
 Ia la nape estoit mise & la table garnie
Se bordoit d'vne saincte & docte compagnie,
Quand deux ou trois ensemble en riant ont poussé
Le pere du troupeau à lon poil herissé:
Il venoit à grands pas, ayant la barbe peinte:
D'vn chapelet de fleurs la teste il auoit ceinte,
Le bouquet sur l'oreille, & bien fier se sentoit
Dequoy telle ieunesse ainsi le presentoit:
Puis il fut reieté pour chose mesprisée
Apres qu'il eut seruy d'vne longue risée.
 De Baize qui Profette en apparence luit
Entre vous tout ainsi qu'vn Orion de nuit:
Que Dieu (ce dittes vous) en tous lieux accõpaigne,

G iij

A bien fait sacrifice aux Muses d'vne Taigne.
S'il a fait tel erreur, luy qui n'a rien d'humain,
Permettez que i'en face vn autre de ma main.
Sus Boufons & plaifans que la Lune gouuerne,
Allez chercher vne afne aux montaignes d'Auuergne,
D'oreilles bien garny, & en mille cordons
Enuironnez son front de foin & de chardons,
Trouffez vous iufques au coude, efcorchez moy la befte,
Et de ce Predicant attachez à la tefte
Les oreilles, ainfi que les auoit Midas
Ce lourdaut Phrygien, qui groffier ne fceut pas
Eftimer de Phebus les chanfons & la Lyre,
Quand il blafma le bon & honora le pire:
Mais non, laiffe ce fat, ie suis content affez
De connoiftre ses vers des miens rapetaffez.
 Tu te plains d'autre-part que ma vie eft lafciue,
En delices, en ieux, en vices exceffiue,
Tu mens méchantement: si tu m'auois fuiuy
Deux moys, tu fçaurois bien en quel eftat ie vy:
Or ie veux que ma vie en efcrit apparoiffe:
Afin que pour menteur vn chacun te connoiffe.
 M'efueillant au matin deuant que faire rien,
I'inuoque l'Eternel, le pere de tout bien,
Le priant humblement de me donner fa grace,
Et que le iour naiffant fans l'offenfer fe paffe.
Qu'il chaffe toute fecte & tout erreur de moy,
Qu'il me vueille garder en ma premiere foy,

QVELQVE MINISTRE.

Sans entreprendre rien qui blesse ma Prouince,
Treshumble obseruateur des loix & de mon Prince,
 Apres ie sors du lict, & quand ie suis vestu
Ie me renge à l'estude, & aprens la vertu,
Composant & lisant, suiuant ma destinée,
Qui s'est des mon enfance aux Muses enclinée:
Quatre ou cinq heures seul ie m'arreste enfermé,
Puis sentant mon esprit de trop lire assommé
I'abandonne le liure, & m'en vay à l'Eglise:
Au retour pour plaisir vne heure ie deuise,
De là ie viens disner, faisant sobre repas,
Ie rends graces à Dieu: au reste ie m'esbas:
 Car si l'apresdinée est plaisante & sereine,
Ie m'en vais promener tantost parmy la plaine,
Tantost en vn village, & tantost en vn boys,
Et tantost par les lieux solitaires & coys.
I'ayme fort les iardins qui sentent le sauuage,
I'ayme le flot de l'eau qui gazoille au riuage.
 Là, deuisant sur l'herbe auecq' vn mien amy,
Ie me suis par les fleurs bien souuent endormy
A l'ombrage d'vn saule, ou lisant dans vn liure
I'ay cherché le moyen de me faire reuiure,
Tout pur d'ambition & des seucis cuisans,
Miserables bourreaux d'vn tas de medisans
Qui font (comme rauis) les prophetes en France,
Pipant les grands Seigneurs d'vne belle apparence.
 Mais quand le ciel est triste & tout noir d'espes-
  seur,
Et qu'il ne fait aux champs ny plaisant ny biē seur,

104   RESPONCE A

Ie cherche compaignie, ou ie ioüe à la prime,
Ie voltige ou ie saute ou ie lutte, ou i'escrime,
Ie di le mot pour rire, & à la verité
Ie ne loge chez moy trop de seuerité.
    I'ayme à faire l'amour, i'ayme à parler aux fem-
mes,
A mettre par escrit mes amoureuses flammes,
I'ayme le bal la dance & les masques aussi,
La musique, le luth, ennemis du souci.
    Puis quand la nuit brunette a rangé les estoilles
Encourtinant le ciel & la terre de voiles,
Sans soucy ie me couche, & là leuant les yeux
Et la bouche & le cœur vers la vouste des cieux,
Ie faits mon oraison, priant la bonté haute
De vouloir pardonner doucement à ma faute.
    Au reste ie ne suis ny mutin ny méchant,
Qui faits croire ma loy par le glaiue tranchant.
Voila comme ie vy: si ta vie est meilleure,
Ie n'en suis enuieux: & soit à la bonne heure.
    Mais quãd ie suis aux lieux où il faut faire voir
Ce que peut vn tressaint & tresiuste deuoir,
Lors ie suis de l'Eglise vne colonne ferme,
D'vn surpelis ondé les espaules ie m'arme,
D'vne haumusse le bras, d'vne chape le dos,
Et non comme tu dis faitte de croix & d'os.
C'est pour vn Capelan: la mienne est honorée:
De grandes boucles d'or & de franges dorées,
Et sans toy, Sacrilege, encore ie l'aurois
Couuerte des presens qui viennent des Indois:

QVELQVE MINISTRE. 105

Mais ta main de Harpie, & tes griffes trop haues
Nous gardent bien d'auoir les espaules si braues.
 Par le trou de la chape apparoist esleué
Mon col braue & gaillard, comme le chef laué
D'vn limaçon d'Auril, qui traine en mainte sorte
Par vn trac limonneux le beau palais qu'il porte,
Et desur l'herbe tendre errant deça delà,
Dresse parmy les fleurs les deux cornes qu'il ha:
Vn guerrier de iardins, qui se paist de rousée
Dont sa ronde maison est par tout arrousée.
 Ainsi paroist mon chef, & me sens bien heureux
De faire cest estat si saint & genereux.
 Ie ne perds vn moment des prieres diuines,
Dés la pointe du iour ie m'en vais à matines,
I'ay mon breuiere au poing, ie chante quelque-fois
(Mais c'est bien rarement) car i'ay mauuaise voix:
Le deuoir du seruice en rien ie n'abandonne,
Ie suis à Prime, à Sexte, & à Tierce, & à Nonne,
I'oy dire la grand Messe, & auecque l'encent
(Qui par l'Eglise espars comme parfun se sent)
I honore mon Prelat des autres l'outre-passe
Ayant pris d'Agenor son surnom & sa race.
Apres le tour finy, ie viens pour me r'assoir:
Bref, depuis le matin iusqu'au retour du soir
Nous chantons au Seigneur louanges & cantiques,
Et prions Dieu pour vous qui estes heretiques.
 Si tous les Predicans eussent vescu ainsi,
Le peuple ne fust pas (comme il est) en souey,
Les villes de leurs biens ne seroient despouillées,

Les Chasteaux renuersez, les Eglises pillées,
Le Laboureur sans crainte eust labouré ses champs,
Les marchez desolez seroient plains de marchans,
Et comme vn beau soleil par toute la contrée
De France, reluiroit le vieil siecle d'Astrée.
　　Les Reistres en laissant le riuage du Rhin,
Comme frelons armez, n'eussent beu nostre vin:
Ie me pleins de bien peu, ils n'eussent brigandée
La Gaulle qui s'estoit en deux pars desbandée,
Et n'eussent fait rouller auecq' tant de charrois
Dessous vn Roy mineur, le tresor des François.
Ny les blonds nourrissons de la froide Angleterre,
N'eussent passé la mer, achettant nostre terre.
　　Or c'est là, Predicant, l'Euangille & le fruit
Que ta nouuelle secte en la France a produit,
Rompant toute amitié, & desnouant la corde
Qui tenoit doucement les peuples en concorde.
　　Tu dis qu'on trouue assez à deuiser de moy:
Touche la, Predicant, aussi fait on de toy:
Mais tel deuis ne peut ny profiter ny nuire:
Le Soleil, pour cela, ne laisse pas de luire
Sur ta teste & la mienne, & comme au-parauant
Nous regardons le ciel & respirons le vent.
Nous ne sommes méchans pourautant que les hom-
　　　　mes
Partiaux comme toy, disent que nous le sommes:
Mais bien nous sommes tels, quand le remors caché
Dedans nostre estomach, iuge nostre peché:
Et pource, du Commun la vaine medisance

QVELQVE MINISTRE. 107

Ne nous peut offenser, c'est nostre conscience.
 Ainsi, le Iuif accuse vn Turc Mahumetain,
Et le Turc le Chrestien: mais Dieu, iuge certain,
Connoist les cœurs de tous: comment vn Caluiniste
Pourroit il bien iuger des actes d'vn Papiste,
Quand ils sont ennemis? Frere, pour abreger,
Le iuge partial ne sçauroit bien iuger.
 Tu m'estimes méchant & méchant ie t'estime,
Ie retourne sur toy le mesme fait du crime:
Tu penses que c'est moy, ie pense que c'est toy:
Et qui fait ce discord? nostre diuerse foy:
Tu penses dire vray, ie pense aussi le dire,
Et lequel est trompé? certes tu as le pire,
Car tu crois seulement en ton opinion,
Moy, en la catholique & publique vnion.
 Ha! qui voudroit Cafard informer de ta vie,
On verroit que l'honneur, l'ambition, l'enuie,
L'orgueil, la cruauté, se paissent de ton cœur,
Enyurez de ton sang, comme l'Aigle veinqueur,
Dont l'immortelle faim, par nulle chair dontée,
Se paist incessamment du cœur de Promethée.
 Tu n'as pas en changeant d'habits & de sermõs,
Changé de sang, de cœur, de foye, & de poumons:
Et tu montres assez par ton orde escriture,
Que pour changer de loy, n'as changé de nature,
Ny ne feras iamais, bien que d'vn habit saint
Tu caches ta pensée & ton courage feint:
„ Ainsi le vieil Renard tousiours Renard demeure,
„ Bien qu'il chãge de poil, de place, & de demeure.

Tu dis que ie suis gras à l'ombre d'vn clocher,
Predicant mon amy, ie n'ay rien que la chair,
I'ay le front mal plaisant: & ma peau mal traittée
Retire à la couleur d'vne ame Acherontée,
Si bien que si i'auois ces habits grands & longs,
Ces Reistres importuns qui batent aux talons,
Et qu'on me vist au soir si palle de visage,
On diroit que ie suis Ministre de village.
Pourueu que ie portasse vne toque à rebras,
Et dessous vn bonnet, quelquesfois de taftas,
Quelquesfois de velours, pour vn final sinistre
Que d'vn bon surueillant on m'auroit fait Ministre.
Tu dis que i'ay du bien: c'est donques en esprit,
Ou comme le Pescheur qui songe en Theocrit,
Ou par opinion riche tu me veux faire,
Mais ceux à qui ie doy sçauent bien le contraire:
Voudrois-tu point vser vers moy de charité?
Non: ie ne suis point tant contre toy despité
Que ie ne prenne bien de l'argent de ton Presche,
Pour descharger ton sac si la somme t'empesche.
Tu dis que i'ay gaigé ma Muse pour flater:
Nul Prince ny Seigneur ne se sçauroit vanter
(Dont ie suis bien marry) de m'auoir donné gage:
Ie sers à qui ie veux, i'ay libre le courage
Le Roy, son Frere, & Mere, & les Princes, ont bien
Pouuoir de commander à mon Luth Cynthien:
Des autres ie ne suis ny valet ny esclaue,
Et si sot grãds Seigneurs, i'ay l'esprit haut & braue.
Tu dis que i'ay vescu maintenant escolier,

QVELQVE MINISTRE. 109

Maintenant courtisan, & maintenant guerrier,
Et que plusieurs mestiers ont esbatu ma vie:
Tu dis vray Predicant, mais ie n'eus onq' enuie
De me faire Ministre, ou comme toy Cafard,
Vendre au peuple ignorāt mes songes & mon fard.
I'aymerois mieux ramer sur les ondes salées,
Ou auoir du labeur les deux mains empoulées,
Ainsi qu'vn vigneron, par les champs inconneu,
Qu'estre d'vn Gentil-homme vn Pipeur deuenu.
 Tu dis que des Prelats la troupe docte & sainte,
Au colloque à Poissi, trembla toute de crainte
Voyant les Predicans contre elle s'assembler:
Ie la vy disputer & ne la vy trembler,
Ferme comme vn rocher, qui iamais pour orage
Soit de gresle ou de vent ne bouge du riuage,
Asseuré de son poix: ainsi sans s'esbranler
Ie vy constamment cette troupe parler.
 Respondez, Predicans, si enflez d'esperance,
Eussiez vous de Geneue osé venir en France
Sans auoir saufconduit escrit à vostre gré?
Vous donques auiez peur, non ce troupeau sacré.
 Tu dis que i'ay blasmé ceste teste Caluine,
Ie ne la blasme pas, ie blasme sa doctrine,
Quand à moy ie le pense vn trompeur, vn menteur,
Tu le penses vn ange, vn apostre, vn docteur,
L'apelant la lumiere & l'honneur des fidelles:
Si tu l'estimes tant porte luy des chandelles!
Il n'aura rien de moy: par toute nation
On connoist son orgueil & son ambition.

Tu dis que pour iazer & moquer à mon aise,
Et non pour m'amender, i'allois ouir de Baize:
Vn iour estant pensif, me voulant defacher,
Passant pres le fossé, ie l'allay voir prescher:
Et là, me seruit bien la sourdesse benigne,
Car rien en mon cerueau n'entra de sa doctrine:
Ie m'en retourne franc comme i'estois venu,
Et ne vy seulement que son grand front cornu,
Et sa barbe fourchuë, & ses mains renuersées,
Qui promettoient le ciel aux troupes amassées:
Il donnoit Paradis au peuple d'alentour,
Et si pensoit que Dieu luy en deust de retour.
Ie m'eschapé du Presche, ainsi que du naufrage
S'eschape le marchant, qui du bord du riuage
Regarde seurement la tempeste & les vens,
Et les grands flots bossus, escumans & bruyans:
Non-pas qu'il soit ioyeux de voir la vague perce
Porter ses compagnons noyez à la renuerse,
Ou de voir le butin, ou les fresles morceaux
Du bateau tournoyez sur l'eschine des eaux,
Mais dedans son courage vne ioye il sent naistre,
Voyant du bord prochain le danger sans y estre.
Tu dis qu'il me siet mal parler de la vertu:
Meschant Pharisien, pourquoy me blasmes tu,
M'estimant ou fumée, ou poussiere menuë,
Que le vent rase-terre emporte dans la nuë,
Ou ces bulettes d'eau que le pasteur enflant
Sa bouche rondement, pour plaisir va souflant:
Ou le Ionc d'vn estang qui peu ferme se ploye,

QVELQVE MINISTRE. 111

Et seruiteur du vent de tous costez vndoye?
　N'enfle plus ton courage, apprens à l'abaisser,
Donte moy ce gros cœur lequel te fait hausser
Le front éceruelé, si superbe & si rogue,
Comme si tu estois des Vertus Pedagogue.
Predicant mon amy, Dieu n'a pas destourné
Ses yeux si loin de nous, qu'il ne nous ayt donné
Quelque peu de raison. Si toute l'Ambrosie,
Tout le nectar du ciel t'abreuue & resasie:
Encore le bon Dieu qui nous daigne escouter,
Nous donne quelquesfois du pain bis à gouter.
　Si ta nouuelle secte en Paradis t'emporte,
Pour le moins nostre vieille en pourra voir la porte.
Nous pauures ignorans par la bonté de Dieu
Encore au fond d'vn coing trouuerons quelque lieu:
Car c'est bien la raison, que la premiere place
Soit aux Caluiniens, comme aux enfans de grace.
　Tu sçais lequel des deux sortit iustifié
Du Temple, où ce vanteur s'estoit glorifié,
Et où le publicain vers la bonté diuine,
Se confessoit pecheur, & batoit sa poitrine:
Ce superbe braueur au sourcil esleué
Qui chacun mesprisoit, s'en alla reprouué
De Dieu, qui hait vne ame ambitieuse & fiere,
Et de l'humble pecheur accorda la priere.
　Dauant que le festu de mes yeux arracher,
Des tiens premierement arrache le rocher,
Et deuant que blasmer, regarde si ton ame
Et si ta conscience est point digne de blasme.

A toy seul n'appartient de parler proprement
Comme il faut converser au monde sainctemen
C'est vn don general qu'à chacun le ciel offre,
Et seulement Caluin ne l'a pas en son cofre.

La vertu ne se peut à Geneue enfermer,
Elle a le dos aifé, elle passe la mer,
Elle s'en volle au ciel, elle marche sur terre,
Viste comme vn esclair, messager du tonnerre,
Ou comme vn tourbillon qui soudain s'esleuant
Erre de fleuue en fleuue, & annonce le vent.
Ainsi, de peuple en peuple elle court par le monde,
De ce grand vniuers hostesse vagabonde.

Tantost elle se loge où le peuple brulé,
Ne voit loin de son chef le Soleil reculé,
Dessous le pied duquel craque la chaude arene,
Où Phebus se vit pris des beaux yeux de Cyrene.

Tantost elle s'en va où les champs tapissez
De neige, ont les cheueux de glaçons herissez,
Non guere loin de l'Autre en horreur effroyable,
Que le froid Aquillon à choisi pour estable.

Tantost elle va voir le peuple du matin,
Qui a le col orné d'l'Indique butin,
Et qui sent le premier desboucler la barriere
Aux cheuaux du Soleil qui vont prendre carriere.

Tantost elle chemine aux peuples d'Occident,
Où le Soleil recreu, halettant & pendant,
Lasche de sur l'oreille à ses cheuaux les brides,
Et son Char baille en garde aux cinquante Phor-
cydes.

Bref,

QVELQVE MINISTRE. 113

Bref, les peuples du monde ont vn don general
De sçauoir discerner le bien d'auecq' le mal,
De parler sainctement des choses politiques,
De sçauoir gouuerner les grandes Republiques,
D'embrasser la vertu, d'aymer la verité:
Et non seulement toy, qui plain de vanité,
Comme vn mignõ de Dieu, veux les hõmes attraire
Sous ombre de vertu: & tu faits le contraire.

Tu dis, que si noz Roys ressautoient du tombeau
Ils se diroient heureux de voir le grand flambeau
De ta secte allumé, par la France oppressée,
Et d'y voir de Caluin l'Euangile annoncée.

Ha terre, creue toy! qui maintenant iouïs
De noz Roys, & nous reuds cet vnziesme Loys,
Tel qu'il estoit, alors qu'au bout de sa Barrette
Portoit dedans du plomb nostre dame portraitte.

Creue toy, rends ce Prince, ha qu'il seroit marry
De voir si lachement l'Eglise de Clery
Sa deuote maison, destruite & saccagée!
Ayant souffert l'horreur d'vne main enragée,
La voyant sans honneur, comme vn lieu desolé,
Desert inhabité, que la foudre a brulé:
Ou cõme on voit au camp sur le bord des frontieres,
Vne grange ou logeoient les enseignes guerrieres,
Sans clef, sans gõd, sans porte, & sans fiste couuert,
Les pignons embrazez, & tout le mur ouuert,
Et la place où Ceres gardoit sa gerbe en presse,
Estre pleine de fient, & de litiere espaisse.

Ha, qu'il seroit marry d'entendre que ses os,

H.

Arrachés du Tombeau, nostre commun repos,
Eussent veu derechef par tes mains la lumiere,
Abandonnés au vent ainsi qu'vne poussiere!
Il se feroit amy du Conte Charolois.
Et pour venger ses os, vestiroit le harnois,
Contre toy Brise-tombe: & sa puissante armée
De France chasseroit ta peste enuenimée.

Si qu'en lieu qu'on te voit de pompe enuironné,
Marcher bragardement, agrafé, boutonné
De l'argent d'vne tasse, ou de l'or d'vn calice,
Tu fuirois, vagabond, le sainct œil de Iustice:
Bien que cent fois le iour ta coulpe & ton remord,
Te serue de bourreau, & te donne la mort.

Tu te mocques aussi, dequoy ma Poësie
Ne suit l'art miserable, ains va par fantasie.
Et de quoy ma fureur sans ordre se suiuant,
Esparpille ses vers comme fueilles au vent:
Ou comme au mois d'Esté, quãd l'Aire bië feconde
Sent batre de Ceres la Cheuelure blonde,
Et le Vaneur mi-nud, ayant beaucoup secoux
Le blé, de-çà de-là dessus les deux genoux,
Le tourne & le reuire, & d'vne plume espaisse
Separe les bourriers du sein de la Deësse:
Puis d'espaule & de bras efforcés par ahan,
Fait sauter le froment bien haut dessus le van:
Lors les bourriers volans, comme poudre menuë,
Sans ordre çà & là se perdent en la nuë,
Et font sur le Vaneur meint tour & meint retour
L'Aire est blãche de poudre, & les Grãges d'autour

QVELQVE MINISTRE.

Voyla comment tu dis que ma Muse sans bride,
S'égare, esparpillée, où la fureur la guide.
Ha si tu eusses eu les yeux aussi ouuers
A derober mon art, qu'à derober mes vers,
Tu dirois que ma Muse est pleine d'artifice,
Et ma brusque vertu ne te seroit vn vice.
 En l'art de Poësie, vn art il ne faut pas
Tel qu'ont les Predicans, qui suiuent pas à pas
Leur sermõ sceu par cœur, ou tel qu'il faut en prose,
Où tousiours l'orateur suit le fil d'vne chose.
 Les Poëtes gaillards, ont artifice & art,
Ils ont vn art caché qui ne semble pas art
Aux versificateurs, d'autant qu'il se promeine
D'vne libre contraincte où la Muse le meine.
 Ainsi que les Ardens apparoissans de nuict,
Sautent à diuers bons: icy leur flamme luit,
Et tantost reluit là, ores sur vn riuage,
Ores desur vn mont, sans tenir vn voyage.
 As-tu point veu voller en la prime saison
L'Auette qui de fleurs enrichist sa maison?
Tantost le beau Narcisse, & tantost elle embrasse
Le vermeil Hyacinthe, & sans suiure vne trasse
Erre de pré en pré, de iardin en iardin,
Chargeant vn doux fardeau de Melisse ou de Thin:
 Ainsi, le bon esprit que la Muse espoinçonne,
Porté de la fureur, sur Parnasse moissonne
Les fleurs de toutes pars, errant de tous costés:
En ce point, par les champs de Rome estoient portés
Le damoiseau Tibulle, & celuy qui fit dire

H iij

Les chansons des Greiois, à sa Romaine Lyre.
Tels ne furent iamais les versificateurs
Qui ne sont seulement que de mots inuenteurs
Froids, grossiers, & lourdaux, comme n'ayant saisie
L'ame d'vne gentille & docte frenaisie:
Tel bien ne se promet aux hommes vicieux,
Mais aux hômes bië nés, qui sont aymés des cieux.

 Escoute, Predicant tout enflé d'arrogance,
Faut-il que ta malice attire en consequence
Le vers que brusquement vn Poëte à chanté?
Ou tu es enragé, ou tu es enchanté,
De te prendre à ma Quinte: & ton esprit s'oublie
De penser arracher vn sens d'vne folie.

 Ie suis fol, Predicant, quãd i'ay la plume en main,
Mais quand ie n'escri plus, i'ay le cerueau bien sain.

 Au retour du Printemps les Muses ne sont sages,
Furieux est celuy qui se prend à leur rages,
Qui fait de l'habille homme, & sans penser à luy
Se montre ingenieux aux ouurages d'autruy.

 Certes, non plus qu'à moy, ta teste n'est pas saine,
Et pource, Predicant, faisons vne neufaine:
Où! à S. Matheurin: car à nous voir tous deux,
Nos cerueaux esuentés sont bien auertineux.

 Tu sembles aux enfans qui contemplent es nuës,
Des rochers des Geans des Chimeres cornuës,
Et ont de tel obiect le cerueau tant esmeu,
Qu'ils pensent estre vray l'ondoyant qu'ils ont veu:
Ainsi, tu penses vrais les vers dont ie me iouè,
Qui te font enrager, & ie les en aduouè,

Ny tes vers, ny les miens, Oracles ne sont pas,
Ie prends tant seulement les Muses pour ébas:
En riant ie compose, en riant ie veux lire,
Et voyla tout le fruit que ie reçoy d'escrire:
Ceux qui font autrement, ils ne sçauent choisir
Les vers qui ne sont nés sinon pour le plaisir:
Et pource les grands Roys ioignent à la Musique,
(Non au conseil priué) le bel art Poëtique.

Tu dis, qu'au parauant i'estoi fort renommé,
Et qu'ores, ie ne suis de personne estimé:
Penses-tu que ta secte embrasse tout le monde?
Penses-tu que le ciel, l'air, & la terre, & l'onde
Se fachent contre moy pour te voir en courroux?
Tu te trompes beaucoup: Dieu est pere de tous:
Ie n'ay que trop d'honneur: certes ie voudrois estre
Sás bruit & sans renom, côme vn pasteur chāpestre,
Ou comme vn Laboureur, qui de beufs accouplés
Repoit'rist ses gueres pour y semer les blés.

Celuy n'est pas heureux qu'on montre par la ruë,
Que le peuple connoist, que le peuple saluë:
Mais, heureux est celuy que la gloire n'espoint,
Qui ne connoist personne & qu'on ne connoist point.

A toy, des Predicans ie quitte les fumées,
Les faueurs qui seront dans vn an consumées:
Car mon esprit se trompe, ou la mere des moys
N'aura point ralumé ses cornes par neuf fois,
Qu'errans & vagabons, sans credit, sans puissance,
Ie les verray fuitifs & banis hors de France,
Hués, siflés, vannés, & comme vieux renards,

H iij

De cités en cités, chassés de toutes pars.
 Ce pendãt, vous Seigneurs, qui leurs dõnés entrée
En vos maisons, trompés de leur bouche sucrée,
Ne croyés pas tousiours à leur simple parler,
Ils voudront à la fin vos plaisirs controler:
Gardés biẽ vos enfans, vos bourses, & vos femmes.
I'ay veu de tels gallands sortir de grands difames:
Car pour auoir le corps d'vn grãd Reistre empestre,
Ils n'ont la main liée, & n'ont le cœur chastré.
 Tu dis que ie mourrois acablé de grand peine
Si ie voyois tomber nostre Eglise Romaine,
I'en serois bien marry: mais quand il aduiendroit,
Le magnanime cœur pourtant ne me faudroit:
I'ay quelque peu de bien qu'en la teste ie porte,
Qui ne craint ny le vent ny la tempeste forte:
Il nage auecques moy, & peut estre le tien
Au riuage estranger ne te seruiroit rien,
Où les gẽtils cerueaux n'ont besoin de ton Presche
 Non non: mon reuenu de partir ne m'empesche:
Il n'est pas opulent, ny gras, ny excessif:
Mõn or n'est monnoyé, ny fondu, ny massif,
Ie vy en vray poëte, & la faueur Royalle
Ne se montra iamais enuers moy liberalle:
Et si ay merité de ma patrie autant
Que toy faux Imposteur qui te bragardes tant.
 Tu pipes les Seigneurs d'vne vaine aparence,
Tu presches seulement pour engraisser ta panse
Tu iapes en matin contre les dignités
Des Papes des Prelats, & leurs authorités,

QVELQVE MINISTRE. 119

Tu renuerses nos loix, & tout enflé de songes
En lieu de verité tu plantes tes mensonges,
Tes monstres contrefais, qu'abayant tu defends,
Tes Larues, qui font peur seulement aux enfans.
 Tu as selon ton sens l'Euangille traitée,
Tu fais comme tu veux de Iesus vn Prothée,
Le tournant le changeant sans ordre & sans arrest
Selon ta passion, & selon qu'il te plaist :
Tu as vn beau parler tout remply de cautelle,
Tu veux tenir l'esprit de Dieu en curatelle,
Tu sçais de l'Euangille auoir pleines les mains,
Tu sçais bien courtizer quelque pauures nonnains,
Tu sçais bien defroquer la simplesse d'vn moine,
Tu sçais bien ioindre au tien de Christ le patrimoine,
Tu as en Paradis le tiers & les deux pars,
Tu en es fils aisné, nous en sommes bastards :
 Tu as pour renforcer l'erreur de ta folye,
A ton Geneue apris quelque vieille homelie
De Caluin, que par cœur tu racontes icy :
Tu as en l'estomac vn Lexicon farcy
De mots iniurieux qui donnent à connoistre
Que mechant escolier tu as eu mechant maistre.
 Ou moy tout eslongné d'imposture & d'abus,
Amoureux des presens qui viennent de Phebus,
Tout seul me suis perdu par les riues humides,
Et par les bois tofus, apres les Pierides,
Les Muses, mon soucy, qui mont tant honoré,
Que de m'auoir le front de myrthe decoré :
Car pour ton aboyer ie ne perds la Couronne
     H iiij

120 RESPONCE A
De Laurier dont Phebus tout le chef m'enuironne
Elle ombrage mon front, signal victorieux
Qu'Apollon a donté par moy ses enuieux.
 Aussi tost que la Muse eut enflé son courage
M'agitant brusquement d'vne gentille rage,
Ie senty dans mon cœur vn sang plus genereux,
Plus chaut & plus gaillard, qui me fit amoureux:
 A vint ans ie choisi vne belle maistresse,
Et voulant par escrit tesmoigner ma detresse,
Ie vy que des François le langage trop bas
Se trainoit sans vertu, sans ordre ny compas:
Adoncques pour hausser ma langue maternelle,
Indonté du labeur, ie trauaillé pour elle,
Ie fis des mots nouueaux, ie r'apellay les vieux:
Si bien que son renom ie poussay iusqu'aux cieux:
 Ie fis d'autre façon que n'auoient les antiques
Vocables composés, & frases poëtiques,
Et mis la Poësie en tel ordre, qu'apres
Le François s'egalla aux Romains & aux Grecs.
 Ha que ie me repens de l'auoir aportée
Des riues d'Ausonie & du riuage Attée:
Filles de Iupiter ie vous requiers pardon!
Helas ie ne pensois que vostre gentil don
Se deust faire l'apast de la bouche heretique,
Pour seruir de chansons aux valets de boutique:
Aporté seulement en France ie l'auois
Pour donner passetemps aux Princes & aux Roys
 Tu ne le peus nyer: Car de ma plenitude
Vous estes tous remplis, ie suis seul vostre estude,

QVELQVE MINISTRE.

Vous estes tous yssus de la grandeur de moy,
Vous estes mes subiets, & ie suis vostre loy.
 Vous estes mes ruisseaux, ie suis vostre fonteine,
Et plus vous m'espuisés, plus ma fertille veine
Repoussant le sablon, iette vne source d'eaux
D'vn surion eternel pour vous autres ruisseaux.
 C'est pourquoy sur le front la couronne ie porte,
Qui ne craint de l'hyuer la saison tant soit morte,
Et pource toute ronde elle entourne mon front,
Car rien n'est excellent au monde s'il n'est rond:
 Le grand ciel est tout rond, la mer est toute ronde,
Et la terre en rondeur se couronne de l'onde,
D'vne couronne d'or le Soleil est orné,
La Lune a tout le front de rayons couronné
Les Roys sont couronnés: heureuse est la personne
Qui porte sur le front vne riche couronne.
 O le grand ornement des Papes & des Roys,
Des Ducs des Empereurs. Couronne ie voudrois
Que le Roy couronné, eust sur ma teste mise
La mitre d'vn Prelat, Couronne de l'Eglise:
Lors nous serions contens: toy de me voir tondu,
Moy de iouir du bien où ie n'ay pretendu.
 Apres comme vn Flateur tu dis que par ma ryme,
I'offence de Condé le Prince magnanime,
Et veux qu'vn tel Seigneur s'aigrisse contre moy
Le faisant ou Tyran, ou Tygre comme toy.
 I'atteste l'Eternel qui tout voit & regarde,
(Et si ie suis menteur ie luy supply' qu'il darde
Sa foudre sur mon chef) si iamais ie pensé

De rendre par mes vers vn tel Prince offencé,
A qui ie suis tenu de rendre obeissance,
A qui i'ay dedié ma plume & ma puissance,
Qui m'ayme & me connoist, & qui a meintesfois
Estimé mes chansons deuant les yeux des Roys,
Qui est doux & benin, né de bonne nature,
Qui à l'esprit gaillard, l'ame gentille & pure,
Qui connoistra bien tost, tant il est Prince bon,
Les maux que ton orgueil a commis soubs son nom.

 Or quand Paris auoit sa muraille assiegée,
Et que la guerre estoit en ses faux-bourgs logée,
Et que les morions & les glaiues tranchans
Reluisoient en la ville & reluisoient aux champs,
Voyant le Laboureur tout pensif & tout morne,
L'vn trainer en pleurant sa vache par la corne,
L'autre porter au col ses enfans & son lict:
Ie m'enfermé trois iours renfrongné de dépit
Et prenant le papier & l'ancre de colere,
De ce temps malheureux i'escriui la misere,
Blasmant les Predicans qui seuls auoient presché
Que par le fer mutin le peuple fust tranché:
Blasmant les Assasins, les Voleurs & l'outrage
Des hommes reformés, cruels en brigandage,
Sans souffrir toutesfois ma plume s'atacher
Aux Seigneurs dont le nom m'est venerable & cher.

 Ie ne veux point respondre à ta Theologie,
Laquelle est toute rance, & puante & moisie,
Toute rapetassée & prinse de l'erreur
Des premiers seducteurs, insensés de fureur.

Comme vn pauure vieillard qui par la ville passe
Se courbant d'vn baston, dans vne poche amasse
Des vieux haillons qu'il treuue en cent mille mor-
  ceaux,
L'vn dessus vn fumier, l'autre pres des ruisseaux,
L'autre pres d'vn Egout, & l'autre dans vn antre,
Ou le peuple artizan va decharger son ventre:
Apres en choisissant tous ces morceaux espars,
D'vn fil gros les rauaude & coust de toutes pars,
Puis en fait vne robbe, & pour neufue la porte:
Ta secte Predicant est de semblable sorte.
 Or bref il me suffist de t'auoir irrité:
Comme vn bon Laboureur qui sur la fin d'Esté
Quand desia la vandange à verdeler commence,
De peur que l'Escadron des freslons ne l'offence,
De tous costés espie vn chesne my-mangé
Où le Camp resonant des Freslons est logé:
Puis en prenant de nuit vn gros fagot de paille,
D'vn feu noir & fumeux leur donne la bataille:
La flame & la fumée entrant par les naseaux
De ces soldars æsles, irrite leurs cerueaux,
Qui fremissent ainsi que trompettes de guerre,
Et de colere en vain espoinçonnent la terre.
 Mais toy (comme tu dis) qui as passé tes ans
Contre les coups d'estoq des hommes medisans,
Qui as vn estomac que personne n'enfonce,
Tu pourras bien souffrir cette douce responce:
Car ton cœur est plus dur qu'vn corcelet ferré
Qui garde l'estomac du soldat asseuré.

Atant ie me tayrai, mais deuant ie proteste,
Que si horriblement ton erreur ie deteste,
Que mille & mille mors i'ayme mieux receuoir,
Que laisser ma raison de ton fard deceuoir.
Au reste i'ay releu ta vilaine escriture
Ainsi que d'vn Boufon facond à dire iniure,
Ou d'vne harengere assise à petit Pont,
Qui d'iniures assaut & d'iniures respond.
Ha que tu montres bien que tu as le courage
Aussi sale & vilain qu'est vilain ton langage.
 Toutesfois à bon droit ie me veux estimer
Dequoy par tes brocards tu m'as daigné blamer
Comme seul n'endurant ta medisante amere:
 Cette Reyne qui est de nostre Prince mere:
A soufert plus que moy quand aux premiers estats
Ialoux de sa grandeur, tu ne la voulois pas.
 Ce Roy des Nauarrois a senty l'amertume
De ta langue qui fait de mesdire coustume,
Quand l'ayant par despit de Paradis bany,
Or l'apellois Caillette, or l'apellois Thony!
Quoy? ne faisois tu pas à mode d'estriuieres,
Pour ce Roy l'autre année, au Presche tes prieres?
Tantost ne priant pas, tantost priant pour luy,
Selon qu'il t'aportoit ou profit ou ennuy?
 Mesmes i'entens desia que ta malice pince
De brocards espineux ce magnanime Prince,
Ce Seigneur de Condé, & le blasmes dequoy
Il ne se montre Tygre à ceux de nostre loy.
Ie suis donques heureux de soufrir tels outrages,

QVELQVE MINISTRE. 125

Ayant pour compagnons de si grands personnages.
 Or tu as beau gronder pour r'assaillir mon Fort,
Te gourmer & t'enfler, comme autresfois au bort
La grenoille s'enfla contre le beuf, de sorte
Que pour trop se boufer sur l'heure creua morte.
Tu as beau repliquer pour respondre à mes vers,
Ie deuiendray muet, car ce c'est moy qui sers
De Bateleur au Peuple, & de farce au vulgaire,
Si tu en veux seruir tu le pourras bien faire.
Ce pendant ie priray l'eternelle Bonté,
Te vouloir ordonner ton sens & ta santé.
 Mais auant que finir, entends race future,
Et comme vn testament garde cette escriture,
Ou soit que les Destins, a nostre mal constans,
Soit que l'ire de Dieu face regner long temps
Cette secte apres moy, race ie te supplie
Ne t'incense iamais apres telle folye,
Et relisant ces vers, ie te pry de penser
Qu'en Saxe ie l'ay veuë en mes iours commencer
Non còme Christ la siéne: ains par force & puissance
Desoubs vn Apostat elle prist sa naissance:
Le feu, le sang, le fer en sont le fondement:
Dieu vueille qu'ela fin en arriue autrement
Et que le grand flambeau de la guerre alumée,
Comme vn tizon de feu se consume en fumée.

IN P. RONSARDVM, RANÆ
Lemanicolæ coaxatio.

DVM bibis Aonios latices in vertice
 Pindi,
 Ronsarde, vndenas dùm quatis arte
  fides,
Vindocini ruris, grauibus, tua personat agros,
 Musa modis, Phœbus quos velit esse suos.
Ast vbi cura fuit præpingui abdomine ventrem,
 Setigeræ latum reddere more suis:
Illorum explesti numerum, qui funera curant,
 Qui referunt fucos, sunt operúmque rudes.
Exin missæ agitas numeros: ac tempore ab illo,
 Non tua Musa canit, sed tua Missa canit.

P. RONSARDI RESPONSVM.

Non mea Musa canit, canit hæc oracula
  vatis
 Patmicolæ ranis Musa Lemanicolis.
Obscœnas fore tres fœdo cum corpore ranas,
 Immundos potius Dæmonas aut totidem.
Semper in ore sui qui stantes Pseudoprophetæ
 Inq; Deum, inq; pios verba profana crepent

Vera fides vati, tu rana es de tribus vna,
　Altera Caluinus, tertia Beza tuus.
Beza ferens veteris Theodori nomen, eandem
　Déque Deo mentem, quam Theodorus, habens,
Talibus ô ranis rauciſsima de tribus illa,
　Quæ me, qua Superos, garrulitate petis:
Aonios non tu latices in vertice Pindi,
　Sed bibis impuros, ſtagna Sabauda, lacus.
Nec cum pura nitet, ſed cum niue turbida mixta,
　Et glacie fuſa montibus vnda fluit.
Inde gelata viam vocis, tumefactáque fauces
　Digna coaxaſti carmina vate ſuo.
In quibus, vt decuit gibboſo gutture monſtrum,
　Non niſi ranalis vox ſtrepit vlla tibi.
Nam quod Muſa virûm doctorum voce vocatur,
　Id nunc Miſſa tibi vox inamœna ſonat.
Non niſi rana queat ſacra ſic corrumpere verba:
　Sibila rana fera eſt, ſibila verba crepas.
I nunc, & patriis interſtrepe vina lacunis
　Inq́; pios homines quidlibet, inque Deum.
Mortua dùm, pacem ne turbes rana piorum
　Nigra, lacu Stygio: vel Phlegetonte nates.
Donec in ardenti, cauſam raucedinis, vnda
　Excutias frigus, quo tua Muſa riget.

IN LAVDEM RONSARDI.

Llisos fructus rupes vt vasta refundit,
Et varias circum latrates dissipat vndas
Mole sua: Sic tu tacita grauitate minutos
Frangere debueras, istos Rosarde, Poetas
Nominis obscuri, audaces discrimine nullo,
Qui tecum certasse putant, præclarius omnes
Quàm vicisse pares: sed postquam non ita visum
Vtq; parens puero interdum doctúsque magister
Respondent blandè illudentes vana loquenti,
Sic tu etiam insano vis respondere Poetæ?
Quanuis ille tua dignum nil proferat ira?
Cygne vlulam nec dedignaris candide nigram:
Eia age, sed Catulo adlatranti seu fremit ingens
Ore Leo, exertum subitò nec coniicit vnguem,
Sic tu etiam miserum sermone illude minaci
Tantum, terrifica vibres nec fulmina lingua,
Sat Ronsarde tibi, sat sit memorasse superbi
Æolidæ pœnas qui non imitabile fulmen,
Elide, dum simulat demens, est turbine præceps
Immani tristes Erebi detrusus ad vmbras.
Sic tibi tam charum caput hoc, quicunque lacesset
Phœbe, perire sinas. Lauri nec sacra corona
Illius indoctam frontem, si fortè reuincit,
Ingratum seruet, nescit qui parcere Lauro.

* *
*

EPISTRE

EPISTRE AV LECTEVR PAR LA-
quelle succinctement l'Autheur
respond a ses calom-
niateurs.

IE m'asseure, lecteur, que tu trouueras estrãge, qu'apres auoir generallement discouru des miseres de ce temps, & respondu a ceux qui faulcement m'auoient voulu calomnier, ie change si soubdain de façon d'escrire, faisant imprimer en ce liure autres nouuelles compositions toutes diferentes de stille & d'argument de celles que durant les troubles i'auois mises en lumiere. Lesquelles estant comme par contrainte vn peu mordantes me sembloient du tout forcées, & faites contre la modeſtie de mon naturel. Si falloit il reſpondre aux iniures de ces nouueaux rimaſſeurs, afin de leur monſtrer que ie n'ay point ny les mains ſi engourdies ny le iugement ſi rouillé, que quand il me plaira d'eſcrire, ie ne leur monſtre facilement qu'ils ne ſont que ieunes aprantis. Ils diront que ie ſuis vn magnifique vanteur, & m'accompareront tant qu'ils voudront a ce glorieux eſcrimeur *Amyqus*, ſi eſt-ce toutesfois que ma vanterie eſt veritable & ne rougiray point de honte de le confeſſer ainſi. Donques lecteur, ſi tu t'eſmerueilles d'vne ſi ſoudaine mutation d'eſcriture, tu dois ſçauoir qu'apres que i'ay achepté ma plume, mon aucre & mon papier, que par droit ils ſont miens, & que ie puis faire honneſtement tout ce que ie veux de ce qui eſt mien. Et comme ie ne ſuis contrerolleur des melancholies, des ſonges ny des fantaſies de mes calomniateurs: ils ne deuroient non plus l'eſtre des miennes, qui entierement ne me dône peine de ce qu'ils diſent, de ce qu'ils font, ny de ce qu'ils eſcriuent. Car comme ie ne lis iamais leurs œuures: auſſi ie ne m'enquiers point s'ils liſent les miennes, ny moins de leur vie ny de leurs actiõs. Quand i'ay voulu eſcrire de Dieu, encore que lãgue d'hõme ne soit suffisante ny capable de parler de sa maiesté: ie l'ay fait toutes-fois le mieux qu'il m'a esté possible, sans me vanter de le connoistre si parfaitement qu'vn tas de ieunes Theologiens qui se disent ses mignons, qui ont, peut estre, moindre connoissance de sa grandeur incomprehensible que moy, pauure infirme & humilié, qui me confesse indigne de la recherche de ses secrets, & du tout vaincu de la puissance de sa deité, obeissant à l'Eglise Catholique, sans estre si ambitieux rechercheur de ces nouueautez, qui n'apportent nulle seureté de conscience, comme rappellans tousiours en doute les principaux points de nostre religion, lesquels il faut croire fermement, & non curieusement en disputer. Quand i'ay voulu parler des choses plus humaines & plus basses, de l'amour, de la victoire des Roys, des honneurs des Princes, de la vertu de noz Seigneurs, ie me persuadé aisément que ie m'en suis acquité de telle sorte qu'ils frapperont la table plus de cent fois, & se gratteront autant la teste, auant que pouuoir imiter la moindre gentillesse de mes vers. Or si tu veux sçauoir pourquoy i'ay traitté maintenant vn argument, & maintenant vn autre, tu n'auras autre

L. ij

132　EPISTRE.
responce de moy sinon qu'il me plaisoit le faire ainsi, d'autant qu'il m'est permis d'employer mon papier comme vn potier fait son argille, non selon leur fantasie mais bien selon ma volonté. Peu de personnes ont commandemēt sur moy, ie faits volontiers quelque chose pour les Princes & grands Seigneurs pourueu qu'en leur faisant hūble seruice ie ne force mō naturel & que ie les connoisse gaillars, & bien nayz, faisant reluire sur leur front ie ne sçay quelle attrayante & non vulgaire vertu: car si tu pensois que ie fusse vn ambitieux courtizan, ou à gage de quelque Seigneur tu me ferois grand tort, & t'abuserois beaucoup. Ie dy cecy pource que ces nouueaux rimasseurs m'appellēt tantost Euesque futur, tantost Abbé: mais telles dignitez ne sont de grand reuenu venant de leur main, pour n'estre fondées qu'en vn papier encore bien mal rimé. Il est vray qu'autres-fois ie me suis faché voyant que la faueur ne respondoit à mes labeurs, (comme tu pourras lire en la complainte que i'ay n'agueres escrite à la Royne) & pource i'ay laissé Francus & les Troyens agitez des tempestes de la mer, attendant vne meilleure occasion de faire leurs nauires pour les conduire à nostre bord tant desiré. Car ce n'est moy qui so-

veut diſtiller le cerueau à la pourſuite d'vn ſi grand œuure ſans me voir autrement fauoriſé, s'ils le peuuent & veulent faire, ie n'en ſuis enuieux. Ce-pendant ie paſſeray la fortune telle qu'il plaira à Dieu m'enuoyer. Car tu peux bien t'aſſurer n'auoir iamais veu hōme ſi content ny ſi reſolu que moy, ſoit que mon naturel me rende tel, ou ſoit que mon meſtier le veille ainſi, ne me donnant facherie en l'eſprit, voire quand la terre ſe meſleroit dedans la mer, & la mer dedans le feu, ie ſuis reſolu de meſpriſer toutes fortunes & de porter auecques patience les volontez de Dieu, ſoit la paix, ſoit la guerre, ſoit la mort, ſoit la vie, ſoit querelles generalles ou particulieres : tels accidens ne m'esbranleront iamais d'icelle aſſeurée reſolution qui eſt par la grace de Dieu, imprimée de long temps en mon eſprit, tellement que i'ay pris pour deuiſe ces deux vers que dit Horace de l'hōme conſtant & reſolu.

Si fractus illabatur orbis
Impauidum ferient ruinæ.

S'ils prennent plaiſir à lire mes eſcrits i'en ſuis treſioyeux, ſi au contraire ils s'en fachent, ie les conſeille de ne les achepter pas, ou ſi d'auenture ils les ont acheptez, les faire seruir auec vn defdain, au plus vil office dont ils se pourront aduiser : car pour approuuer mes œuures ou pour les calomnier, ie ne m'en trouue moins gaillard ny dispos. Et pour leur louange ou pour leur mesdire rien ne me vient en ma boëtte quand i'ay besoin d'achepter ce qui est necessaire pour m'entretenir. Ils ont bien ouy parler des deux boëttes de Simonide, & pource ie ne leur en feray plus long Discours, seulement ie me donneray bien garde de forcer ma complexion pour leur plaisir. La poésie est plaine de toute honneste liberté, & s'il faut dire vray vn folastre mestier duquel on ne peut retirer beaucoup d'auancement, ny de profit. Si tu veux sçauoir pourquoy i'y trauaille si allegrement, pource qu'vn tel passe-temps m'est aggreable, & si mon esprit en escriuant ne se contentoit & donnoit plaisir, ie n'en ferois iamais vn vers, comme ne voulant faire profession d'vn mestier, qui me viendroit à contre cœur. Ils en diront & penseront ce qu'il leur plaira, ie t'asseure Lecteur que ie dy verité. Ie ne fais point de doute que ie n'aye mis vn bon nombre de ces poëtastres, rimasseurs & versificateurs en ceruel, lesquels se sentent offencez, dequoy ie les ay appelez apprentis & disciples de mon escolle (car c'est la seule & principalle cause de l'enuie que ils ont conceuë contre moy) les faisant deuenir furieux apres ma viue & belle renommée, comme ces chiens qui aboyent la Lune, & ne sçauent pourquoy sinon pour ce qu'elle leur semble trop belle & luysante, & que sa clarté seraine leur desplaist & leur offence le cerueau melancholique & catherreux. Mais les pauures incensez, se trompent beaucoup, s'ils pensent que leur libelles, muettes iniures, & liures sans nom, offencent la tranquillité de mon esprit, car tant s'en faut que i'en sois faché, ou aucunement desplaisant, que ie ne veux laisser à la posterité plus grand tesmoignage de ma vertu que les iniures edentées, que ces poëtastres vomissent contre moy. Et pour vne mesdisance ie leur conseille d'en dire deux, trois, quatre, cinq, six, dix, vingt, trente, cent, mille, & autant qu'il en pourroit en toutes les caques des harangeres de petit Pont. I'estime leurs iniures à grand honneur quand ie pense qu'ilz se sont attaquez aux Princes & aux Roys aussi bié qu'a moy. Ie ne suis seulemét faché que d'vne chose, c'est que leurs liurez m'ont fait deuenir superbe & glo rieux, car me voyant assailly de tant d'ennemys i'ay pensé incontinent que i'estois quelque habille homme, & que telles enuies ne procedoyēt que de ma vertu. Vous donc quiconques soyez qui auez fait vn Temple contre moy, vn Enfer, vn Discours de ma vie, vne seconde responce, vne Apologie, vn traitté de ma noblesse, vn Prelude, vne faulse palinodie en mon nom, vne autre tierce responce, vn commentaire sur ma responce, mille Odes, mille Sonnets, & mille autres telz fatras, qui auortent en naissant. Ie vous conseille si vous n'en estes saoulz, d'en escrire d'auantage, pour estre le plus grand grand honneur que ie sçaurois receuoir, & pour dire verité colonnes de mon immortalité. Ie sçay bien que quelques vns affectionnez à leur religiō, desquels vous n'estes (car voz escris, voz vies, & voz meurs, vous manifestēt vrays Athées) dirōt que c'est bien fait de parler cōtre Rōsard, & le peindre de toutes couleurs, afin que le peuple l'aye en mauuaise reputation, & ne face desormais estime de ses escrits.

Ie ne trouue point estrange que telles personnes qui parlent selon leur conscience, & qui pensent veritablement que telle chose serue à leur cause, comme gens tresaffectionnez, composent contre moy, ou facent compoſer. Mais ie ſuis eſmerueillé dequoy vous qui n'auez ny foy, ny loy, & qui n'eſtes nullement pouſſez du zelle de Religion, eſcriuez des choſes qui ne vous apportent ny honneur, ny reputation: car pour toutes voz meſdiſances ie ne ſeray moins eſtimé des Catholiques que ie ſuis, ny de ceux de voſtre religion, de laquelle vous ne faittes vne ſeule profeſſion. Auſſi ay-ie dés long temps decouuert voſtre malice, c'eſt que ne croyant rien, vous faittes cõme le Chameleon, changeant de couleurs en toutes terres ou vous allez, fuyuant maintenant ce party & maintenant celuy là, ſelon que vous l'eſtimez fauoriſé, durable, auantageux, & le plus profitable pour vous : telles gens ſe deuroient fuyr comme peſte, n'ayant autre Dieu que le gain & le profit. Ie penſe connoiſtre quelqv'vn de ces gallans, lequel deux ou trois iours, deuant qu'il barboillaſt le papier contre moy, diſoit par deriſion mille vilenies de Caluin & de ſa doctrine en laquelle il auoit eſté nourry trois ou quarre ans à Lozane & à Genéue. Il compoſa ceſt eſté dernier à Paris des Sonnets contre de Beze, que maintenant il fait ſemblant d'honnorer comme vn Dieu, leſquels il me monſtra & dont i'ay l'original eſcrit de ſa main. ie ne dy pas cecy pour flatter Caluin ou Beze, car c'est le moindre de mes soucis. Toutesfois pour monstre que ie ne suis menteur ny calomniateur i'ay bien voulu faire imprimer icy l'vn des Sonnets de ce Chrestien reformé, afin que le peuple connoisse de quelle humeur le compaignon est agité.

S'armer du nom de Dieu, & aucun n'en auoir,
Prescher vn Iesus Christ, & nyer son essence,
Gourmander tout vn iour, & prescher abstinence,
Prescher d'amour diuin, & haine conceuoir,
Prescher les cinq Canons sans faire leur vouloir,
Paillarder lib'rement, & prescher cõtinence,
Prescher frugalité, & faire grand despence,
Prescher la charité, & chacun deceuoir:
Cõpter dessus les doigts faire bonne grimace,
Amuser de babil toute vne populace.
Mignarder d'vn clin dœil le plus profond des Cieux:
Cacher sous le manteau d'vne façon mau-

EPISTRE. 139

uaise
Vn vouloir obstiné, vn cœur ambitieux,
C'est la perfection de Theodore de Beze.

Puis soudainement transformé en autre personnage me print à partie, & vomit sa malice contre moy, qui l'auois chery & festié deux ou trois fois à mon logis sans m'auoir autrement pratiqué ny conneu & lequel, de fait (que ie sçache) ny de pensée ie n'auois iamais en nulle sorte offencé, ny n'eusse voulu, ny ne voudrois maintenant faire, car ie suis assez satisfait dequoy les gens d'honneur & de bien le connoissent & le tiennent pour tel qu'il est. Quand à son Atheisme il en donna si certaine preuue ce prochain esté qu'il seiourna quelques iours en ceste ville, que mesmes ceux & celles qu'il hantoit le plus priuement, estoient non seulement esmerueillez, mais espouuentez de sa mechanceté. Si quelcun veut escrire son histoire ie n'en seray ioyeux ny marry, mais quand à moy i'ay resolu de n'empescher d'auantage ma plume pour respõdre à vn tel babouin que luy. Vous messeigneurs qui auez conscience, qui craignez Dieu & faittes profession (comme vous dites) de maintenir son sainct Euangile deuriez chasser tels apostats

& pour parler comme Homere tels ἀλλοπρο-σάλλυς de voſtre compaignée, ce que ie ſuis aſſeuré que vous feriez volontiers ſi vous les pouuiez connoiſtre, mais ils ſe deguiſent de telle ſorte quand ils ſont auec voz troupes, qu'il eſt fort malaiſé de s'en donner de garde, pour leur rendre le chaſtiment digne de leurs merites. Ie ne puis approuuer ces meſchantes ames, & loue grandement ceux qui ſont fermes en leur religion. Auſſi ne ſuis-ie à blaſmer ſi ie demeure ferme en la mienne, qui aymerois mieux mourir que me ſeparer du ſein de l'Egliſe Catholique, & penſer eſtre plus ſçauant que tant de vieux Docteurs qui ont ſi ſaintement eſcrit. Or ie reuiens à vous Poetaſtres, qui vous efforcez d'irriter les Princes & Seigneurs côtre moy, diſant que i'en ay parlé auec peu de reuerence & hōneur: que ſçaurois-ie dire d'eux, ſinō que ie leur ſuis treshūble ſeruiteur. Au reſte ie ne fuz iamais de leur conſeil priué ny de leurs affaires, & ma perſonne eſt de trop baſſe qualité pour m'ataquer à leur grandeur: mais ie les puis bien aſſeurer que s'ils auoiēt affaire de moy, qu'ils en fourniroiēt pluſtoſt que de voſtre obeiſſance diſſimulée, qui les courtiſez non par amytié, ou par bien que vous leur vueillez, mais ſeulemēt pour voſtre profit particulier: & moy par vne naturelle reuerence & obseruance que ie leur doy. Or si vous pensez par voz calomnies m'oster de la bonne opinion que le peuple a receu de mes escrits, vous estes bien loin de vostre compte, & si vous estimez que ie sois desireux de la faueur du vulgaire, vous-vous trõpez encores beaucoup, car le plus grand desplaisir que ie sçaurois auoir en ce monde, c'est d'estre estimé ou recherché du peuple, comme celuy qui ne se mesle de faciende, de faction, ny de menée quelconque, pour l'vn ne pour l'autre party, seulement quand il fait beau temps ie me pourmeine, quãd il pleut ie me retire au logis, ie deuise, ie passe le tẽps sans discourir, pratiquer ny affecter choses plus hautes que ma vacatiõ. Et voulez-vous que ie vous die ce qui m'a le plus ennuyé durant ces troubles, c'est que ie n'ay peu iouyr de la franchise de mon esprit, ny librement estudier comme au-parauant. Ie me plains de petite chose, ce direz vous, ouy petite quãt à vous qui auez tousiours despendu de la volonté d'autruy: mais grande quant à moy qui suis nourry en toute heureuse & honneste liberté. Aussi suiuant mon naturel en ceste douce saison de la paix vous ne me pourriez engarder de me resiouir & d'escrire, car de tels honorables exercices ne depend la ruyne de nostre Republique, mais de vostre auare ambition. Au reste si quelqu'vn a escrit contre moy ie luy ay respondu estant asseuré que les œuures de ces nouueaux rimailleurs ny les miennes quant à ce faict, n'ont non-plus de poix ny d'authorité que les ioyeuses saillies de Tony ou du Greffier, & que celuy seroit bien mal accompaigné de iugement qui voudroit fonder sur quelque raison ou tirer en cõsequẽce les verues & caprices d'vn Poëte melancholique & fantastiq. Mais puis que ce correcteur de liures & ce ieune Drogueur (duquel la vie ne sera point mauuaise descritte) l'ont voulu autrement, ie suis fort aise de leur seruir d'aiguillõ, & de l'an pour les mettre en furie, car ce m'est vn fort grand plaisir de voir ces petis gallãs agitez & debordez cõtre moy, qui s'en esbranle aussi peu qu'vn rocher des tẽpestes de la Mer. Toutesfois sans le cõmandemẽt des plus Grands qui ont expressemẽt deffendu les libelles, ie les eusse viuemẽt grattez ou il leur demange : car Dieu mercy nous auons bons & amples memoires de la vie de ces deux compaignons, mais d'oresnauãt ie me tairay pour obeyr à ceux qui ont puissance sur ma main, & sur ma võlõté. Il me plaist d'estre leur but, leur visée, leur passion & leur colere, & decochent tāt qu'ils voudrōt leurs fleches espointées cōtre moy. De là i'atens ma gloire, mō hōneur & ma reputation, & plus ils seront enuenimez, & plus ie me promets par leurs iniures de louange & d'immortalité, car ie sçay leurs forces, & de quelle humeur les bons seigneurs sont tormētez. Si ces grands & doctes hommes (que par honneur ie nomme mes peres) tant estimez durant l'heureux siecle du feu Roy François se bandoient contre moy i'en serois extremement marry, ou si ceux de ma volée, qui se sont fait apparoistre comme grandes estoilles, & qui ont tellement poussé nostre Poësie Françoise que par leur diligence elle est montée au comble de tout hōneur, despédoient l'ancre à m'iniurier, ie voudrois me banir moy mesme de ce iour pour ne contester auec si grāds personnages. Mais ie prēds grād plaisir de voir ces rimasseurs s'attaquer à moy, qui suis nay d'vne autre complexion que Theocrite, lequel se faschant cōtre quelque ingrat Poëtaſtre de son tēps faisoit parler de colere vn Pasteur ainsi.

μέγα δ' ἄχθομαι εἴ τυ με τολμῆς
ἄμμασι τοῖς ὀρθοῖσι ποτιβλέπεν ὅν

ποκ' ἐόντα
παῖδ' ἔτ' ἐγὼν ἐδίδασκον. ἰδ' ἁ χά-
ρις ἐς τὶ ποθέρπει
θρέψαι καὶ λυκιδᾶς, θρέψαι κύνας, ὡς
τυ φάγωντι.

Car comme i'ay dit, gentil barbouilleur de papier, qui m'as pris à partie, tu ne ne sçais rien en cest art que tu n'ayes apprins en lisant mes œuures ou celles de mes compaignons, comme vray singe de noz escrits, qui par curiosité m'as leu & releu, notté par lieux communs, & obserué comme ton maistre qui m'as apprins par cœur, & ne iures en ta conscience que par la foy que tu me dois. Doncques te cōnoissant tel ie n'auray iamais peur que pour vouloir diffamer mon renom par tes muettes copies espandues secrettement de main en main tu t'aquieres ny faueur ny reputation, laquelle ne se gaigne par iniures ny pour faire accroire au papier ses particulieres passions, mais par beaux ouurages remplis de pieté, de doctrine & de vertu. Or afin de te faire connoistre que tu es du tout nouice en ce mestier, ie ne veux cō-
menter

menter ta responce (en laquelle ie m'assure
de te reprendre de mille fautes dont vn petit
enfant auroit des verges sur la main, car tu
n'entés ny les rithmes, mesures, ny cesures.)
Ceux qui ont quelque iugement en la poë-
sie, lisant ton œuure verront facilement si ie
parle par animosité ou non, seulement pour
monstrer ton asnerie ie prendray le Sonnet
que tu as mis au deuant de ta responce qui
se commence ainsi:

Bien que iamais ie n'ay beu dedans l'eau
De la fontaine au cheual consacrée,
Ou, imitant le Citoyen d'Ascrée,
Fermé les yeux sur vn double coupeau.

Premierement tu m'as desrobé l'inuention
de ce Sonnet & non de Perce. Le commen-
cement du mien est tel.

Ie ne suis point, Muses, accoustumé
De voir voz yeux sous la tarde serée,
Ie n'ay point beu dedans l'onde sacrée
Fille du pied du Cheual emplumé.

Or sus espluchons ce beau quadrain (De-
dans l'eau) tu deuois dire de l'eau de la fon-
taine ou simplement dedans l'eau, mais cela

K.

146 EPISTRE.

est peu de chose (*Au cheual consarée*) pour vn si sçauant homme que toy, qui t'estimes l'honneur des lettres, ie m'esbahis comme tu as si sottement failly à la fable. La fontaine Hippocrene dont tu parles, fut consacrée aux Muses & non au cheual Pegase, du pied duquel elle fut faitte, & duquel elle retient le nom tant seulemēt sans luy estre dediée, voy Arat en ses Phenomenes.

οἱ δὲ νομῆες
πρῶτοι κεῖνο ποτὸν διεφήμισαν ἵππου
κρήνην

Mais tu as dit cecy pour faire honneur au cheual de Bellerophon (*Le citoyen d'Ascrée*) tu deuois dire pour parler proprement, le villageoys d'Ascrée: car Citoyen se refere à Cité, & Ascrée est vn meschant village au pied d'Helicon, duquel Hesiode raconte l'incommodité.

νάσσατο δ' ἄγχ' Ἑλικῶνος ὀϊζυρῇ ἐνὶ κώμῃ

Ἄσκρῃ, χεῖμα κακῇ, θέρει ἀργαλέῃ, οὐδέ ποτ' ἐσθλῇ.

EPISTRE. 147

Fermé les yeux tu faux encores à la fable, Hesiode ne dit pas qu'il ayt dormy sur le mont d'Helicon pour deuenir Poete : il dit tout le contraire, c'est qu'en faisant paistre ses Aigneux dessous Helicon les Muses luy enseignerent l'art de Poetiser.

Αἴ νύ ποθ' Ἡσίοδον καλὴν ἐδίδαξεν ἀοιδὴν

Ἄρνας ποιμαίνονθ' Ἑλικῶννος ὑπὸ ζαθέοιο

Venons à l'autre couplet,
Bien qu'esloigné de ton sentier nouueau
Suyuant la loy que tu as massacrée,
Ie n'ay suiuy la Pleiade enyurée
Du doux poison de ton braue cerueau.

(*De ton sentier nouueau*) Ie suis bien aise dequoy tu confesses que mon sentier est nouueau, & pource (puis qu'il te plaist) ie pourray seurement dire.

Auia Pieridum peragro loca, nullius ante
Trita solo, iuuat integros accedere fonteis.

Ie ne reprens cecy pour faute, mais seulemét pour te móstrer qu'en te voulát moquer

K ij

tu as dit verité. (*Suyuant la loy que tu as maſ-
ſacrée*) I'ay bien ouy dire forcer, violer, &
corrompre vne loy, mais maſſacrer vne loy
ie n'en auois iamais ouy parler: Apprens pau-
ure ignorāt à te corriger des fautes qu'vn e-
ſtranger ne vouloit faire en noſtre langue
(*La Pleïade enyurée*) Ie n'auois iamais ouy
dire ſinon à toy, que les eſtoilles s'enyuraſ-
ſent qui les veux accuſer de ton propre pe-
ché. Ceux qui te cōnoiſſent ſçauét ſi ie mens
ou non. La colere que tu deſcharges ſur les
pauures Aſtres, ne vient pas de là. Il me ſou-
uient d'auoir autre fois accomparé ſept poe-
tes de mon temps à la ſplendeur des ſept e-
ſtoilles de la Pleïade, comme autre-fois on
auoit fait des ſept excellens Poetes grecs qui
floriſſoient preſque d'vn meſme temps. Et
pource que tu es extrememét marry dequoy
tu n'eſtois du nombre, tu as voulu iniurier
telle gentille troupe auecques moy (*Du doux
poiſon*) tu trouueras ce mot de poiſon plus
vſité au genre fœminin qu'au maſculin, mais
tu reſſembles aux Atheniens. C'eſt article
auecques bon teſmoignage ſera traitté plus
amplement en ta vie & en celle de l'ignorant
Drogueur que tu verras bien toſt de la main
d'vn excellent ouurier. (*Braue ceruceau*) bra-
ue ſe refere plus toſt aux habillemens qu'à

l'esprit. Acheuons les deux autres couplets.

J'ay toutes-fois vne autre recompence,
Car l'Eternel qui benist l'impuissance
Mesme aux enfans qui sont dans le Ber-
   ceau,
Veut par mes vers peut estre rendre egalle
Ta grand misere à celle du Bupale,
Qui d'vn licol a basty son tombeau.

(*Car l'Eternel*) ie m'esbahis comme tu parles de l'Eternel, veu que tu le cõnoissois bien peu ce dernier esté : mais cecy n'est pas vn Soloecisme, c'est vn Atheisme (*Ta grand misere*) tu deuois dire colere, manie, forcenerie, ou autre chose semblable. Car Bupale ne fut pas miserable, si ce n'est comme on dit, *ab effectu*, mais il deuint si furieux par les vers d'Hipponax qu'à la fin il se pendit, (*Qui d'vn licol*) apprens à parler proprement, tu deuois dire en lieu de bastir vn tombeau d'vn licol, trama, filla, ordit, ou autres choses plus propres à ton licol. Ie te conseille de regarder vne autre-fois de plus pres à ce que tu feras, car sans mentir on peut dire de ton long ouurage mal digeré.

K iij

Ἀσυρίου ποταμοῖο μέγας ῥόος, ἀλλὰ τὰ πολλὰ
λύματα γῆς κỳ πολλὸν ἐφ' ὕδασι σύρφετον ἕλκᾳ.

Conclusion puis que pour tes medisances le Soleil ne laisse de me luire, ny la terre de me porter, les vents de me recréer, & l'eau de me donner plaisir, que ie n'en perds l'apetit ny le dormir & que ie n'en suis moins dispos ny gaillard: Ie proteste de ne m'en soucier iamais, ny te faire cest honneur de te respōdre, ny à tes compaignons, qui comme toy se veulent auancer, blasmāt les personnes dont l'hōneur ne peut estre blessé par leur caquet iniurieux. Si tu as enuie de faire le Charlatan auecques tō Drogueur tu le pourras faire, car voz reputations sont si obscures, qu'à peine sont elles conneuës des palefreniers, & le vray moyen de les anoblir est de rebruler encores le tēple d'Ephese, ou si vous ne pouuez le faire, il faut pour vous auancer entre les meschans, comme vous, iniurier l'honneur des hommes vertueux. Quant à moy ie seray tousiours bien ayse de vous mettre en caprice & en ceruel, & vous faire crucifier

EPISTRE.

vous-mesme par vne enuie qui vous ronge le cœur, de me voir estimé des peuples estrangers & de ceux de ma nation. Or toy candide & beneuole Lecteur, qui as pris la peine de lire le discourus de ceste Epistre, tu me pardonneras s'il te plaist, si en lieu de te contenter ie t'ay donné occasiõ de fascherie, & pour recompense ie te supplie de receuoir d'aufsi bonne volonté ces œuures non encores imprimées que de bon cœur ie te les pretente. Suppliant tres-humblement celuy qui tout peut, te donner tres-heureuse & treslongue vie, & à moy la grace de te seruir de tout mõ cœur, & de voir les troubles de ce Royaume bien tost apaisez, afin que toutes sortes de bõnes lettres puissent florir sous le regne de noRoy Charles, duquel Dieu tout puissant benisse la ieunesse, & auquel ie souhaitte les ans d'Auguste la paix & la felicité.

FIN.

PARAPHRASE
DE TE DEVM.

A MONSIEVR DE VALLENCE: POVR
Chanter en son Eglise.

Seigneur Dieu nous te loüos
Et pour Seigneur nous t'a-
  uons,
Toute la terre te reuere,
Et te confesse eternel pere.

Toutes les puissances des Cieux,
Tous les Archanges glorieux,
Cherubins, Seraphins te prient,
Et sans cesse d'vne voix crient:

Le Seigneur des armes est saint,
Le Seigneur des armes est craint,

PARAPHRASE.

Le ciel & la terre est remplie
Du loz de sa gloire acomplie.

 Les saints Apostres honorez,
Les Martirs de blanc decorez,
La troupe de tant de Prophettes,
Chantent tes louanges parfaittes.

 L'eglise est par tout confessant,
Toy pere grand Dieu tout puissant,
De qui la maiesté immense
N'est que vertu gloire & puissance.

 Et ton fils de gloire tout plain,
Venerable, vnique & certain,
Et le saint Esprit qui console
Les cœurs humains de ta parole.

 Christ est Roy de gloire en tout lieu,
Christ est l'Eternel fils de Dieu,
Qui pour oster l'homme de peine
Ha pris chair d'vne vierge humaine.

 Il a vaincu par son effort
L'éguillon de la fiere mort,
Ouurant la maison eternelle
A toute ame qui est fidelle.

Il est à la dextre monté
De Dieu prés de sa maiesté,
Et là sa ferme place il fonde
Iusqu'à tant qu'il iuge le monde.

O Christ eternel & tout bon,
Fay à tes seruiteurs pardon
Que tu as par ta mort amere
Racheté de rançon si chere.

Fay nous enroller s'il te plaist
Au nombre du troupeau qui est
De tes esleus, pour auoir placé
En paradis deuant ta face.

Las sauue ton peuple, ô Seigneur,
Et le benis de ton bon heur,
Regis & soustien en tout âge
Ceux qui sont de ton heritage.

Nous te benissons tous les iours,
Et de siecle en siecle tousiours
(Pour mieux celebrer ta memoire)
Nous chantons ton nom & ta gloire.

O Seigneur Dieu sans t'offencer
Ce iour icy puisse passer,

PARAPHRASE.

Et par ta sainte grace accorde
A noz pechez misericorde.

 Seigneur tout bening & tout doux
Respans ta pitié desur nous,
Ainsi qu'en ta douce clemence
Auons tousiours nostre esperance.

 En toy Seigneur nous esperons,
T'aymons, prions, & adorons,
Car ceux en qui ta grace abonde
N'iront confus en l'autre monde.

  FIN.

Extrait du priuilege du Roy.

PAR priuilege du Roy, dóné à S. Germain en Laye, le xx. iour de Septébre, l'an mil cinq cens soixante, il est enioint à P. de Ronsard, gentilhomme Vandomois, de choisir & commettre tel Imprimeur, docte & diligent qu'il verra & connoistra estre suffisant pour fidellement imprimer, ou faire imprimer les œuures ia par luy mises en lumiere, & autres qu'il composera & fera par cy apres. Inhibant (ledit Seigneur) à tous Imprimeurs, Libraires, Marchans & autres quelconques, qu'ils n'ayent à imprimer ou faire imprimer aucunes des œuures, qui par ledit Ronsard ont esté & seront cy apres faittes & composées, ny en exposer aucunes en vante, s'elles n'ont esté & sont imprimées par ses permission, licence & congé, ou de l'Imprimeur par luy choisi & commis à l'impression d'icelles. Et ce sur peine de confiscation des liures ia imprimez, ou à imprimer, & d'amende arbitraire, tant enuers le Roy qu'enuers ledit Rósard, & des interests & dommages de l'Imprimeur par luy choisi & esleu: Le tout pour les causes & raisons contenuës & amplement declarées audit priuilege. Ainsi signé sur le reply, Par le Roy, Vous present de Lomenie, & seellé à double queuë du grand seau, de cire iaune.

Ledit Ronsard a permis à Gabriel Buon, Libraire Iuré de l'Vniuersité de Paris, d'imprimer ou faire imprimer, son Liure des discours des miseres de ce temps, iusques au terme de huit ans, finis & acomplis, à commencer du iour ledit Liure sera acheué d'imprimer.

Made at Dunstable, United Kingdom
2024-07-05
http://www.print-info.eu/